# LES CONVENANCES
## D'ARGENT

COMÉDIE EN TROIS ACTES, EN VERS,

### PAR M. D'ÉPAGNY,

Représentée pour la première fois, à Paris, sur le second Théâtre-Français (Odéon), le 18 décembre 1848.

| Personnages. | Acteurs. |
|---|---|
| LE MARQUIS D'IRCEY | MM. MICHAU. |
| ADRIEN DE LA FRESNAYE, amoureux de Julie | JAHYER. |
| LE CHEVALIER DE PYANGE, ami de la maison | DROUVILLE. |
| GAUDRIOT, ancien fournisseur | ANSELME. |
| LA RIVARDELLE, intrigant, associé de Gaudriot | LAROCHELLE. |
| LORICOT, commis de La Rivardelle et de Gaudriot | ROGER. |
| LA MARQUISE D'IRCEY | Mmes LETOURNEUR. |
| JULIE, sa fille | VALLÉE. |
| Mme GAUDRIOT | AVENEL. |
| UN DOMESTIQUE. | |

La scène se passe, au premier acte, chez le marquis, à Paris; au deuxième, à la campagne de Gaudriot, à trois lieues de Paris; au troisième, chez le marquis, comme au premier acte.

## ACTE PREMIER.

Porte au fond; c'est le vestibule et l'entrée. — Porte, à droite, latérale double; c'est celle du salon. — En face, porte à gauche; c'est l'appartement de d'Ircey. — Au premier plan, à gauche, une cheminée avec une glace. — Du côté du salon, au premier plan, à droite, l'appartement de Mme et de Mlle d'Ircey.

### SCÈNE I.

D'IRCEY, en robe de chambre; Mme D'IRCEY, assise près d'une table où ils viennent de prendre le thé.

D'IRCEY, achevant une note au crayon et la présentant à sa femme.
Madame, lisez donc la liste que j'ai faite
Pour notre grand dîner.

      Mme D'IRCEY.
      J'en suis peu satisfaite,
Voilà des noms, monsieur, que je n'y veux pas voir;
Vous invitez des gens mal avec le pouvoir,
Frondeurs du ministère, et dont l'indépendance
Peut nous faire un grand tort...

      D'IRCEY.
      Voyons-les... par prudence,
Je crains tous les partis... je les ménage tous;
D'ailleurs, tous les partis dînent fort bien chez
      [nous !...
Et quand le sort bizarre, à l'un d'eux se dévoue
Et le rend tout-puissant... je m'en sers, je l'avoue.

(Baissant la voix en riant.)
J'ai toujours fait de même...
      Mme D'IRCEY, avec gaîté.
      Oui, l'on m'a dit souvent
Que vous aviez toujours vogué... par le bon vent?
      D'IRCEY, de même.
A tenir le bon vent, l'homme prudent s'applique.
Pour moi, j'y fus toujours, dès l'autre république.
      Mme D'IRCEY, avec curiosité.
Fûtes-vous donc jadis républicain?
      D'IRCEY, riant.
      Parbleu !
A la mode toujours on sacrifie un peu !
(Avec réflexion.)
Les modes... font pitié lorsqu'elles sont passées ;
Mais pendant la primeur !... on les trouve sensées,
Ridicules ou non, on les suit; on fait bien...
En république, moi, je fus... très citoyen !
(Il rit.)
J'eus des emplois... j'acquis, d'une façon commode,
Un château... sans argent... c'était la grande mode !
On donnait du papier ! — L'empire vint, alors,

On me baronisa. Je quittai sans efforts
Mon titre de tribun, et comme on me tint compte
De ma docilité... bientôt... on me fit comte.
(Il rit.)
L'empire succomba... Je compris aisément
Quels devoirs m'imposait ce vaste changement.
J'abdiquai ce comté venu de Bonaparte,
Pour devenir marquis, sous l'auteur de la charte.
C'est vers cet heureux temps que je vous épousai,
Madame, et c'est pour vous que je me marquisai.
— Aujourd'hui, nous rentrons encore en république,
Or, moi, républicain, déjà, de race antique,
On me connaît assez pour qu'il me soit permis
De recevoir chez moi toutes sortes d'amis.

M<sup>me</sup> D'IRCEY.
Mais pas de gens tarés du moins; or... ce Vauxelles,
A peine de retour de sa fuite à Bruxelles...

D'IRCEY.
C'est vrai; mais vous voyez chacun le recevoir;
Et d'ailleurs, on le peut, car vous devez savoir
Qu'il s'est mis très en règle... Il n'a plus de fortune;
Il a passé ses biens, chose aujourd'hui commune,
Sous le nom de sa femme, et vous sentez alors
Que cet homme n'est pas, de ceux qu'on met de—
M<sup>me</sup> D'IRCEY. (hors !
C'est juste... nous savons sa honte incontestable;
Mais vous pensez qu'il faut l'admettre à notre table!

D'IRCEY, d'un air d'approbation, en souriant.
Oui.

M<sup>me</sup> D'IRCEY, riant.
Qu'on l'admette donc pour l'or qu'il a volé !
Mais deux fats, sans argent! Ces deux-là ?...
(Elle indique deux autres noms sur la liste.)

D'IRCEY.
Désolé!
Deux fats, deux sots, c'est vrai, deux animaux,
deux cuistres !
Maistousdeux protégés ou parens de ministres !...

M<sup>me</sup> D'IRCEY.
A de pareils égards quand les hommes sont prêts,
Quelle morale ont-ils ?

D'IRCEY.
Celle des intérêts !

M<sup>me</sup> D'IRCEY, se levant avec impatience.
Brisons-là !... c'est assez... Invitez à votre aise
Qui bon vous semblera ; moi, ne vous en déplaise,
Je joins à quelques noms de jeunes gens bien nés;
Car il faut marier votre fille.

D'IRCEY.
Oh ! tenez...
Bien malgré moi, je vais vous contredire encore.
Du choix de gens bien nés à coup sûr on s'honore.
Les jeunes gens polis... du monde... comme il faut,
Me plairaient comme à vous, sans leur fatal défaut:
La prodigalité !... Tous jettent d'habitude
L'argent à pleines mains : pas un n'a d'aptitude
Pour en gagner.

M<sup>me</sup> D'IRCEY, ironiquement.
Monsieur veut-il un aigrefin ?

D'IRCEY.
Non, madame, je veux...

M<sup>me</sup> D'IRCEY.
Quoi donc ?

D'IRCEY.
Je veux, enfin,
Un homme assez adroit, sans coupable finesse,
Pour défendre son bien ; je veux qu'en sa jeunesse,
D'intérêts positifs il se soit occupé
Assez pour y voir clair et n'être point dupé.
Nul de vos jeunes gens n'est fait sur ce modèle,
Et pas un d'eux, pour moi, ne vaut La Rivardelle.

M<sup>me</sup> D'IRCEY.
Fi ! cet agioteur !... Julie, un tel époux !
D'où sort-il ? quel est-il ? et le connaissons-nous ?

D'IRCEY.
Très peu, soit... et je crois sa naissance commune ;
Mais aujourd'hui, qu'importe? Il court à la fortune,
Il est lancé dans tout, Gaudriot me l'a dit,
Il cause bien d'ailleurs... il gagne du crédit.

M<sup>me</sup> D'IRCEY, interrompant avec vivacité.
Eh ! monsieur, servez-vous de ce faiseur d'affaires
Pour remuer vos fonds (ce qui ne me plaît guères),
Puisque d'agioter... vous avez la fureur.
Mais ne l'amenez pas ; nous l'avons en horreur,
Ma fille et moi.

D'IRCEY, tirant un cordon de sonnette.
Bon ! bon ! vous changerez,
L'espère,
Vous ne me croyez pas le cœur d'un mauvais
(père;
J'aime ma fille autant que vous pouvez l'aimer,
Nous l'établirons bien, tâchez de vous calmer.

∞∞∞∞∞∞∞∞∞∞∞∞∞∞∞∞∞∞∞∞∞∞∞∞

SCÈNE II.

LES MÊMES, UN DOMESTIQUE.

D'IRCEY, au domestique, en lui remettant une poignée de lettres.
Ces invitations chacune à leur adresse...

LE VALET, les prenant.
Il suffit.
(Il en présente à d'Ircey une qu'il apportait sur un
plateau.)

D'IRCEY, lisant la suscription.
D'Orléans?

LE VALET.
Oui, monsieur, elle presse.

D'IRCEY, décachetant.
Du vieil ami Vertpré, je reconnais sa main ;
C'est un homme de sens !... On peut être certain
Que dès qu'il vous écrit, la raison le commande;
C'est quelque bon avis... voyons ce qu'il me mande :
(Il lit.)
« Mon cher d'Ircey, je vous annonce l'arrivée
» à Paris de M. Adrien de La Fresnaye, jeune
» homme de bonne famille, comme vous savez,
» et dont le père était fort à son aise... Il n'y a
» que deux enfans... »

## ACTE I, SCÈNE IV.

On ne m'adresse pas ce jeune homme pour rien.

M<sup>me</sup> D'IRCEY.

Je le crois; lisez donc!...

D'IRCEY.

C'est que cet Adrien
Conviendrait à merveille à Julie !...

M<sup>me</sup> D'IRCEY.

Oh! sans doute.
Et d'autant qu'ils se sont déjà vus...

D'IRCEY, reprenant sa lettre.

Paix !

M<sup>me</sup> D'IRCEY.

J'écoute.

D'IRCEY, lisant.

« Il n'y a que deux enfans... Adrien a reçu
» la meilleure éducation... » (Il sourit en échangeant un regard de satisfaction avec M<sup>me</sup> d'Ircey.)
« Il est plein de bonnes qualités. » (Même coup
d'œil entre les époux.) « Après le décès de son
» père, il est tombé entre les mains de quelques
» fripons... » (Il lit avec impatience ce qui suit.)
« qui ont compromis toute sa part de fortune !...
» mais son malheur n'est pas... mérité... et la
» preuve, c'est que... »
(Il ferme avec dépit la lettre.)
La preuve !... Je n'ai pas besoin de la savoir !
Ruiné ! tout est dit...

M<sup>me</sup> D'IRCEY.

J'en suis au désespoir !

D'IRCEY.

C'est dommage, il est vrai... mais toute convenance...
nous ne ferons aucune prévenance
Au jeune homme, et je veux, de sa situation
Qu'on prévienne Julie... avec injonction
D'éviter tout colloque ou discours parasite
Quand ce monsieur fera son unique visite.
Vous m'entendez ?

## SCÈNE III.

LES MÊMES, JULIE.

(Julie a devant elle un petit tablier vert, comme les
jeunes personnes qui étudient la peinture; elle a
encore sa palette à la main.)

M<sup>me</sup> D'IRCEY, à son mari, d'un ton de regret.

J'entends... Justement, la voici !

JULIE.

Chère maman ! pardon de me montrer ainsi ;
Je n'ai pas pris le temps de ranger ma toilette,
Ni même de m'ôter de la main ma palette,
Pour accourir plus tôt; car j'avais dans l'esprit...

D'IRCEY.

Quoi donc ?

JULIE.

Que d'Orléans, papa, l'on vous écrit.

D'IRCEY.

Oui... que t'importe ?... après ?...

JULIE.

J'ai pensé que, peut-être...
On vous aurait parlé... dans le cours de la lettre...
D'Agathe... vous savez ?...

D'IRCEY.

Mais non... je ne sais rien.

JULIE.

Agathe, c'est... la sœur de monsieur Adrien ?

D'IRCEY.

Adrien La Fresnaye ?

JULIE.

Oui, papa !

D'IRCEY.

Bien !
(Bas, à sa femme.)
Ma chère,
Elle s'occupe moins de la sœur que du frère !
(Haut.)
Ma fille, vous allez apprendre sans retard
Tout ce dont il convient que l'on vous fasse part ;
J'en charge votre mère, allez donc avec elle.

M<sup>me</sup> D'IRCEY.

Oui, viens, ma chère enfant.
(Julie reste pensive.)
Viens donc quand je t'appelle !

JULIE, faisant quelques pas vers sa mère.

Oui, maman.
(A son père, s'arrêtant.)
Nos amis sont en bonne santé,
Papa, dans Orléans ?

D'IRCEY.

Oui, l'on s'est bien porté,
Mais votre mère attend...

M<sup>me</sup> D'IRCEY.

Eh bien ! viens donc, Julie !

JULIE.

Maman... vous m'attendiez !... c'est vrai... moi
Me voilà toute à vous. (qui l'oublie;
(Elle passe rapidement devant sa mère, qui ouvre la
porte de son appartement à gauche.)

D'IRCEY, bas, à M<sup>me</sup> d'Ircey.

Parlez sévèrement.

M<sup>me</sup> D'IRCEY.

Oui.
(Elle suit sa fille.)

## SCÈNE IV.

D'IRCEY, seul.

Vertpré n'est qu'un sot sans tact, sans jugement ;
M'adresser !... la folie est vraiment peu commune,
Un jeune homme qui vient de perdre sa fortune !
Et que diable veut-il qu'on en fasse à Paris ?
C'est bien dans ces gens-là qu'on cherche des maris !
En ce temps-ci surtout... Ah ! c'est d'une bêtise !
Voyons s'il ne joint pas encore à sa sottise
Quelque commission ; c'est l'usage adopté
Par tout provincial... Voyons.

(Il ouvre la lettre.)
J'en suis resté
(Riant.)
A ce malheur, auquel il dit qu'on s'intéresse,
Et qui n'altère point d'un oncle la tendresse...
(Lisant.) « Et la preuve, c'est que son vieil on-
» cle octogénaire, ancien armateur de Nantes,
» lui a conservé toute son affection... (Il hausse les
» épaules.) et lui assure dès aujourd'hui, une
» rente de quinze mille francs, en attendant son
» héritage qui est très considérable, et qu'il laisse
» encore à son neveu Adrien et à sa sœur, sa nièce
» aussi... »
Oh!... ceci change fort les chances du neveu !
L'oncle est de bon aloi... Relisons donc un peu...
Oui... quinze mille francs... né de bonne famille...
Les biens de l'oncle un jour... c'est très beau pour
[ma fille,
Le jeune homme est parfait... j'en étais assuré ;
C'est un homme de sens et d'esprit que Vertpré !

## SCÈNE V.
### D'IRCEY, M<sup>me</sup> D'IRCEY, JULIE.

(M<sup>me</sup> D'Ircey tient sa fille, qui pleure, à demi embrassée
et son mouchoir sur les yeux. Elles sortent de chez
M. d'Ircey, et se dirigent vers le fond.)

JULIE, en marchant.
Oh! oui, maman, je sais combien je vous suis chère,
Vous ne mettriez pas votre fille à l'enchère ;
Je puis vous laisser voir l'excès de ma douleur,
Mais sans vous accuser jamais de mon malheur !

D'IRCEY.
Attendez... viens à moi, viens, ma pauvre Julie...
Comment!... tout éplorée, interdite, pâlie !
Allons, sèche tes yeux : ta mère, je le vois,
De la raison sévère a fait parler la voix ;
L'avenir des enfans sur des calculs se fonde,
Mais non pas leur bonheur... Or, pour rien dans
Je ne sacrifierais... [le monde,

JULIE.
Oui, c'est de bonne foi,
Que votre expérience, ici, veille sur moi ;
Vous me voulez heureuse et vous croyez bien faire.
Pardonnez, si mon cœur est d'un avis contraire,
Je souffre... mais je cède à votre autorité...

D'IRCEY, avec joie.
Ta douleur, chère enfant, et ta docilité
M'ont vaincu, m'ont touché, mais jusqu'au fond
[de l'âme...

M<sup>me</sup> D'IRCEY, surprise.
Que lui dites-vous donc... songez-vous ?

D'IRCEY, un peu embarrassé, mais prenant son parti.
Oui, madame,
J'y songe, et suis guidé... par les évènemens...
De sa fille à quoi bon gêner les sentimens ?
Si ce jeune Adrien, qu'on propose pour elle,
Convient...
(Mouvement de Julie.)

JULIE.
Ah! cher papa, quelle bonne nouvelle !
C'était donc une épreuve ?...
(Elle regarde son père et sa mère.)

D'IRCEY, embarrassé.
Eh ! eh !

JULIE, de même.
Oui, n'est-ce pas ?

M<sup>me</sup> D'IRCEY, bas et d'un ton piqué, à son mari qui
vient de traverser.
L'épreuve, alors, serait bien absurde, en tout cas !

D'IRCEY, bas, à sa femme.
Au gré de vos désirs, à présent, tout s'arrange :
On change la manœuvre, alors que le vent change.

JULIE.
Mon Dieu ! si vous saviez tout ce que je souffrais !
Maman !...

M<sup>me</sup> D'IRCEY.
Je l'ai senti... crois-moi... j'ajouterais :
(Se penchant vers son mari, à part.)
Pouvez-vous m'exposer à jouer sans scrupule,
Entre ma fille et vous, un rôle ridicule ?

D'IRCEY, lui montrant la lettre.
Lisez, vous comprendrez...

JULIE, qui vient d'appuyer sa main sur ses yeux
pour effacer la trace de ses larmes.
Peut-on s'apercevoir,
Maman, que j'ai pleuré ? c'est qu'il pourrait le voir
Quand il va venir !

D'IRCEY.
Qui ?

JULIE.
Lui !

D'IRCEY.
Qui lui ?

JULIE, embarrassée.
Le jeune homme !
Vous le devinez bien sans que je vous le nomme !

D'IRCEY.
Quoi ! M. Adrien La Fresnaye ?...

JULIE.
Eh ! mais, oui !...

M<sup>me</sup> D'IRCEY, prenant sa fille par la main, la tourne
de son côté, en face, avant de parler.
Et comment savez-vous qu'il nous vient aujour-
[d'hui ?

JULIE, troublée.
Ah... c'est que... je l'ai vu... de loin...

M<sup>me</sup> D'IRCEY, appuyant sur ses mots.
Veuillez me dire
Comment... de sa visite... il a pu vous instruire.

JULIE, les yeux baissés.
Le matin, quand il va se promener au bois,
Et qu'il passe... à cheval... du balcon... je le vois ;
Et comme en traversant... toujours il me salue...
(Rapidement.)
Il a bien pu d'un mot m'annoncer sa venue.

D'IRCEY.
Fort bien !

(A part.)
Il est heureux qu'il soit riche, ma foi !
Mme D'IRCEY.
Et pourquoi m'avoir tu de tels détails ?
JULIE.
Pourquoi ?
J'allais parler... lorsque votre voix courroucée
M'a défendu sur lui d'arrêter ma pensée...
Peux-tu croire, maman, que je te cache rien ?
UN VALET, annonçant.
Monsieur de La Fresnaye !
D'IRCEY.
Ah !
JULIE, à part.
C'est mon Adrien !
Mme D'IRCEY.
Faites passer d'abord au salon!
LE VALET.
Oui, madame.
Mme D'IRCEY.
Je m'y rends... Quant à toi...
(Riant.)
ton dessin te réclame,
Retourne à tes pinceaux...
JULIE.
Quoi !
Mme D'IRCEY, lui faisant une caresse.
Pour quelques instans,
Il faut qu'on te désire...
JULIE.
Oui, mais pas trop long-temps.
(Elle embrasse sa mère et sort rapidement.)
Je m'en rapporte à vous...

## SCÈNE VI.
### D'IRCEY, Mme D'IRCEY.

Mme D'IRCEY.
Va, ma pauvre petite.
Venez au salon.
D'IRCEY.
Non... j'attends une visite.
C'est Gaudriot qui vient à midi pour me voir.
Il a cent mille francs à moi qu'il fait mouvoir ;
Donc...
Mme D'IRCEY.
Gaudriot... jadis fournisseur sous l'empire ?
D'IRCEY.
Oui... nos soldats l'avaient surnommé le vampire,
Tant son œil dévorant dîmait leurs rations...
Je suis sûr qu'il aurait à lui des millions,
S'il n'eût été volé dans la grande retraite.
Mme D'IRCEY.
C'est un prêté rendu... Mais ici je m'arrête,
Lorsqu'on m'attend... Restez à votre agioteur.
(Elle sort à gauche.)
LE VALET, au fond.
Monsieur Gaudriot !

## SCENE VII.
### D'IRCEY, GAUDRIOT.

D'IRCEY.
Ah ! venez donc!
GAUDRIOT.
Serviteur !
(Il tire sa montre.)
Je me trouve en retard, ma montre m'en accuse,
D'un grand quart d'heure au moins ; mais j'ap-
[porte une excuse
Très bonne... Avant un mois, nous aurons, cher
Cinquante mille écus de bénéfice acquis. [marquis,
D'IRCEY.
Bah !
GAUDRIOT, continuant, avec volubilité.
Dont moitié pour vous... L'autre, je la partage
Avec La Rivardelle, auteur de ce courtage,
Homme bien précieux et gaillard très madré.
Pardieu ! vous n'avez pas été mal inspiré
De m'apporter vos fonds... Faut-il que j'en dispose
Dans l'opération qu'ici je vous propose ?
D'IRCEY.
Très volontiers, mon cher !... c'est ce que je ré-
GAUDRIOT, toujours sérieux. [ponds.
Il me faut votre seing pour user de vos fonds.
(Il tire un papier timbré de sa poche.)
D'IRCEY.
Suivez-moi !
(Il lui montre la porte de son cabinet à droite, et
après avoir passé devant lui, comme pour l'y con-
duire, il lui tend la main pour le guider.)
GAUDRIOT.
Non, restez... je tiens toujours en poche
Encre, plume et papier, mainte affaire s'accroche
Tandis qu'à pas tardifs on en fait les apprêts,
Et l'on en manque ainsi neuf sur dix, à peu près.
(En parlant, il a posé la feuille de papier sur la forme
de son chapeau, en guise de pupitre, et lui présente
la plume qu'il a trempée dans son cornet ; d'Ircey
signe en riant. — Gaudriot continue.) [dresse
C'est au mieux !.. Paraphez !.. là... Chez moi je l'a-
Par un de mes commis qui me suit... le temps pres-
La Rivardelle attend... [se.
(Appelant.)
Loricot !...

## SCÈNE VIII.
### LES MÊMES, LORICOT.

Me voici !
GAUDRIOT.
Rejoins La Rivardelle et montre lui ceci.
(Il lui donne le papier signé.)
Qu'il sache qu'à présent la somme nécessaire
Est prête... et qu'il est temps de lancer notre af-
LORICOT. [faire.
Oui, monsieur... mais,..

GAUDRIOT.
Va vite!...
LORICOT.
Oui, monsieur... permettez...
GAUDRIOT.
Quoi donc?...
LORICOT.
Permettez-moi d'implorer vos bontés!...
Je suis un bon commis...
GAUDRIOT, durement.
Soit!... après?
LORICOT.
Très fidèle!...
Mais... très pauvre!...
GAUDRIOT, de même.
Tant pis!
LORICOT, toujours plus humble.
Monsieur La Rivardelle,
Sur mes gages échus me doit deux mois passés!...
Un mot de vous...
GAUDRIOT, avec impatience.
Plus tard, nous sommes trop pressés.
L'argent!... l'argent!... cours donc!... il est comme
[une souche.
LORICOT, en soupirant et avec impatience.
L'argent!... toujours j'en porte... et jamais je n'en
[touche!
GAUDRIOT, pendant qu'il le pousse dehors.
Ce soir, à mon ami je parlerai pour toi!

## SCÈNE IX.

### D'IRCEY, GAUDRIOT.

GAUDRIOT, revenant au marquis.
Vos fonds n'eurent jamais si magnifique emploi!
D'IRCEY, avec confiance et flatterie.
Je m'en rapporte à vous pour conduire une affaire!
GAUDRIOT, fièrement.
Je crois bien!...
(Avec un air de satisfaction vaniteuse.)
Celle-ci sort du cadre ordinaire!...
Il s'agit d'un jeune homme inexpérimenté;
Il jouit de ses biens...
(Il rit.)
Il est fort endetté.
D'IRCEY.
Un fou, j'entends...
GAUDRIOT.
Non pas! un garçon rangé, sage!
Qui, par bonté de cœur, pour des amis s'engage.
Nous avons hypothéqué enfin sur tous ses biens.
Par ses billets échus, en outre, je le tiens!
La contrainte par corps... nos sûretés complètes,
Les biens valent six fois tout ce qu'il a de dettes!...
Je mets là votre argent.
D'IRCEY.
Je comprends qu'on aura
Son placement très sûr!... mais on n'y gagnera
Rien de plus, ce me semble?...
GAUDRIOT, riant.
Ah! vous n'entendez guères
Ce que nous appelons : le courant des affaires!
(D'un air sûr, à demi-voix.)
Loin de le secourir ou de lui rien prêter
Sur sa terre... c'est moi qui la fais acheter
Sous main... au tiers du prix... Dans un tel avantage
Pour vos fonds avancés je vous mets en partage!
D'IRCEY, surpris.
Moi!
GAUDRIOT.
Qui donc?
D'IRCEY.
Pardonnez... je reste confondu...
Vous vous expliquez mal... ou j'ai mal entendu...
Car vous ne voulez pas... faire un gain... malhon-
GAUDRIOT. [nête...
Non!... le Code est pour moi!... l'homme a perdu
De lui, La Rivardelle a procuration... [la tête!...
De sa terre c'est lui qui tient la gestion...
Dieu sait ce qu'il a fait en l'absence du maître!
Qui, jeune et confiant, ne peut rien y connaître...
(A part.)
Et ce qu'il portera d'accidens et de frais,
De réparations, de comptes faux ou vrais,
De baux diminués!...
(Il rit.)
Vous comprenez sans peine
Qu'on n'empruntera plus sur un pareil domaine,
Grâce à La Rivardelle... Oh! c'est un fin renard;
Dans l'affaire, il aura très bien gagné son quart!
D'IRCEY, interrompant Gaudriot avec indignation.
Restez-en là, monsieur, de ce détail infâme.
GAUDRIOT.
En quoi donc?
D'IRCEY.
Il m'afflige, il me révolte l'âme!
GAUDRIOT.
Vous n'y connaissez rien!... de quoi vous mêlez-
La façon d'opérer ne regarde que nous! [vous?
D'IRCEY.
C'est qu'on n'a jamais vu cette manière étrange
D'utiliser ses fonds!
GAUDRIOT, affectant de la gaîté.
Eh! si... la mode change...
Mais tout revient au même et c'est comme autre-
[fois:
L'argent roule toujours vers les moins maladroits!
Vous semblez inquiet...
D'IRCEY.
Oui, vous avez beau dire,
L'affaire est déloyale et me fait très peu rire!...
GAUDRIOT.
Vous la verrez plus gaie, alors que nous aurons
Revendu tous les biens que nous accaparons.
Cela ne peut tarder... le jeune homme lui-même
A s'en débarrasser met une ardeur extrême,
Pour l'amour d'un parent, vieillard près de sa fin,
Qui l'aime... et qui mourrait, pense-t-il, de chagrin
Ou de courroux!... D'ailleurs, l'exhérédant sans
[grâce,

## ACTE I, SCÈNE IX.

Si d'une ombre d'huissier il soupçonnait la trace!...
Du reste, ce jeune homme, assez joli garçon,
Est né près d'Orléans...

D'IRCEY.

D'Orléans? quel soupçon!
Près d'Orléans? Quel nom?

GAUDRIOT.

Adrien La Fresnaye!

D'IRCEY.

Ah!

GAUDRIOT.

Qu'est-ce qui vous prend?

D'IRCEY.

Mon Dieu!

GAUDRIOT.

Qui vous effraie?...

D'IRCEY, très ému.

Adrien La Fresnaye!

GAUDRIOT.

Après?... Oui.

D'IRCEY, de même.

C'en est fait!
Ne parlons plus d'achat.

GAUDRIOT.

Pourquoi donc, s'il vous plaît?

D'IRCEY, de plus en plus agité jusqu'à la fin de la scène.

C'est impossible!

GAUDRIOT.

Quoi?

D'IRCEY.

Je ne puis vous promettre
Pour cela mon argent...

GAUDRIOT, vivement.

Vous venez de l'y mettre.

D'IRCEY.

Je ne vous laisse point dépouiller sans pitié
Ce jeune homme...

GAUDRIOT, avec ironie.

Un instant! vous étiez de moitié,
Il paraît qu'à présent vous voulez le défendre.

D'IRCEY.

J'ai mes raisons.

GAUDRIOT.

Parlez.

D'IRCEY.

D'abord j'en fais mon gendre.

GAUDRIOT.

Celle-là suffirait... s'il n'était ruiné!

D'IRCEY.

Il ne l'est pas encore, son oncle a pardonné.

GAUDRIOT.

Parce qu'il ne sait pas qu'il vend son héritage.

D'IRCEY.

Il ne le vendra pas.

GAUDRIOT, ironiquement.

Non...

D'IRCEY.

Votre escamotage
N'aura pas lieu, monsieur!

GAUDRIOT, s'échauffant.

Bref,... votre intention
Serait donc d'entraver mon opération?

D'IRCEY.

Votre opération? non, votre escroquerie!

GAUDRIOT, pâlissant de colère, se contenant d'abord.

Cheminons bride en main, marquis, je vous en prie,
Car vous prenez un ton qui pourrait me fâcher!
Moraliste excellent, qui venez me prêcher,
Parce qu'il vous surgit un hasard qui vous lègue
Un tout autre intérêt qu'à moi votre collègue.

(Avec sévérité.) [acquis!
Un pareil droit, monsieur, ne vous est point
(Avec une grande colère et une ironie cruelle.)
Voulez-vous bien me dire en quel temps, cher
[marquis,
Vous avez respecté cette morale austère?
Vous! par les assignats, d'abord propriétaire,
Vous qui, froid partisan de toutes les couleurs,
Avez su du pays escompter les malheurs,
Depuis le bonnet rouge et ses belles décades,
Jusqu'à l'abeille, aux lys, et jusqu'aux barricades!

(Avec mépris.)

Que n'avez-vous pas fait pour devenir titré?
Moi, je gagne de l'or, chacun fait à son gré.
Ne nous reprochons rien... je me crois honnête
Autant que vous! [homme

(Avec réflexion.)

D'ailleurs, chez moi j'ai votre somme.
Or, puisque la *morale* a pour vous tant d'appas!...
(Avec fermeté.)
Perdez-en les trois quarts, et n'opérons pas!

D'IRCEY, effrayé.

Que dites-vous?... comment?...

GAUDRIOT, toujours plus dur.

C'est facile à comprendre.
Sur vos cent mille francs, c'est vingt-cinq à vous
[rendre,
Vous nous laissez le reste, en compensation!

D'IRCEY, s'adoucissant.

Vous abusez, mon cher, de ma position.
C'est mal!

GAUDRIOT.

Moi!... point du tout... je vous mets à votre aise.
Je ne veux vous forcer à rien qui vous déplaise;
(Avec bonhomie.)
Mais quant à reculer, vous ne le pouvez plus,
Il faut perdre ou gagner, là, vingt-cinq mille écus!

D'IRCEY.

Quoi! pour un étranger, faire un tel sacrifice?

GAUDRIOT, impatienté.

Laissez-moi donc agir, et que cela finisse!

D'IRCEY, tristement.

J'y suis forcé, monsieur. Puis-je vous arrêter?

GAUDRIOT.

Certes, non!

D'IRCEY, à part.
Il me tient... j'ai tort de l'irriter...
Gagnons du temps plutôt !...
(Haut.)
D'un ton plus convenable,
Au moins, si vous parliez !
GAUDRIOT, fièrement.
Mon ton est raisonnable !
Et ne mérite pas qu'on en soit courroucé.
Quant aux propos amers... vous avez commencé.
D'IRCEY.
Je ne sais !... Faudra-t-il encor vous faire excuse?
GAUDRIOT.
Non, de mots un peu vifs moi-même je m'accuse.
En affaires, les mots, par bonheur, ne sont rien !
(Il tend la main à d'Ircey.)
D'IRCEY, ironiquement.
Soit !... J'ai toujours pour vous, malgré cet en-
La même estime !... [tretien...
GAUDRIOT, en riant sardoniquement.
Oh bien ! je vous en tiens peu compte.
Est-ce que l'on estime aujourd'hui ?... l'on es-
compte !
Les hommes... et l'argent !... Vous faites le sur-
Comme si d'avant-hier vous étiez à Paris ! [pris,
D'IRCEY.
Voyez mon embarras !... Ce pauvre La Fresnaye...
Qu'on accueille au salon...
GAUDRIOT.
Un homme sans monnaie !
Cela vous inquiète ?...
D'IRCEY.
Oui, pour me dégager,
Donnez-moi quelques jours ?
GAUDRIOT.
Laissez-moi m'en charger !
Vous verrez.
D'IRCEY.
Mais... comment?
GAUDRIOT, très rapidement tout ce qui suit.
J'entre et rends mon hommage
A la marquise.
D'IRCEY.
Après ?
GAUDRIOT.
J'ajoute : Ah ! quel dommage !
Je parle haut, notez, comme sans y songer,
Lorsqu'un lien charmant aurait pu s'engager...
Là, je prends l'air confus... j'affecte de me taire ;
Puis je dis : Adrien! quand vend-on votre terre ?
D'IRCEY.
C'est cruel !...
GAUDRIOT, riant.
Oui... J'ai l'air alors d'apercevoir
Qu'il fait sa cour. Soudain, je ressors pour vous
Et pour vous prévenir, en ami véritable, [voir
Qu'il ne faut pas en lui voir un parti sortable.
De l'éconduire ainsi vous viendrez vite à bout...
L'argent !...
(Avec audace.)
C'est la raison... et l'excuse de tout !

Attendez... je reviens.
(Il entre au salon.)

## SCÈNE X.

D'IRCEY, seul.

L'infortuné jeune homme !
Je ne puis rien pour lui... Gaudriot tient ma
[somme,
Et m'en prend les trois quarts, si je veux le sauver !
C'est la dot de Julie... il faut la préserver...
(Réfléchissant profondément.)
Et si je le voulais... je la doublerais même...
Par une part des biens du malheureux qu'elle
Mais d'un gain odieux je ne garderai rien ; [aime.
C'est tout ce que je puis pour ce jeune Adrien,
A qui je le rendrai... Par là... j'accorde ensemble
L'intérêt... le devoir... assez bien, ce me semble...
Je perds un épouseur... On s'en consolera;
Plus vite qu'une dot on le remplacera ; [fille.
C'est décidé... Rentrons... pour voir pleurer ma
Rentrer, moi !.. pour montrer un père de famille
Voulant... ne voulant plus, et presqu'au même
Il vaut mieux m'échapper. [instant !...
(Il sonne.)
Je m'en tire en sortant.
(Il jette sa robe de chambre au domestique qui entre.)
Je sors !
LE DOMESTIQUE.
M. de Pyange arrive...
D'IRCEY.
Oh ! peu m'importe !
LE DOMESTIQUE.
Il me suit...

## SCÈNE XI.

DE PYANGE, D'IRCEY.

D'IRCEY, à de Pyange en lui prenant la main.
Désolé ! mais il faut que je sorte...
(Il passe son habit.)
Ma femme est au salon et va vous recevoir.
DE PYANGE.
Un moment...
D'IRCEY, prenant son chapeau des mains du valet.
Impossible !... Au revoir !... au revoir !...
(Il s'enfuit.)

## SCÈNE XII.

DE PYANGE, puis GAUDRIOT.

DE PYANGE.
Voyons donc la marquise ! Il faut que je protège
Près d'elle seule alors mon ami de collège !
Oui, je vais lui parler de ce bon Adrien ;

J'ai promis ce service... il y compte... il fait bien.
 (Riant.)
Comment s'est-il douté de mon crédit sur elle?
Ah! tout se sait! Enfin, j'y mettrai tout mon zèle!
Ce crédit... on le croit fondé sur mon bonheur.
Certes! c'est bien à tort; on me fait trop d'honneur!
Car enfin, sur le cœur de l'aimable marquise,
Pas la moindre espérance encor ne m'est acquise.
Mais on a tant d'égards, en ce logis, pour moi,
On m'y traite si bien et de si bonne foi!
On y prise si haut mes conseils que l'on quête,
Que ce monde méchant m'y prête une conquête!
Entrons...
(Il va à la porte du salon et rencontre Gaudriot qui en revient.—Gaudriot, en fermant la porte, tourne le dos à de Pyange et ne le reconnaît qu'après avoir dit quelques mots.)
  GAUDRIOT, croyant parler à d'Ircey.
Bon, j'ai parlé... Voilà qu'ils pleurent tous!
(Reconnaissant de Pyange.)
Allons! plus de marquis!...
  DE PYANGE.
   Il paraît, grâce à vous,
Qu'assez mal au salon votre éloquence opère?..
  GAUDRIOT, embarrassé.
Hélas! oui... par malheur!
   (Confidentiellement.)
   C'est par ordre du père;
Un jeune La Fresnaye, assez gentil garçon...
  DE PYANGE, avec vivacité et en le regardant iro-
   niquement.
Est volé, m'a-t-on dit, d'une atroce façon?
  GAUDRIOT, avec surprise, puis tirant son mouchoir
   comme s'il allait tousser.
Volé!...
   (A lui-même.)
   D'où le sait-il? car ma femme est l'unique
A qui... Parfois, il vient faire de la musique,
Chez nous... le soir... Voilà!... ma femme aura jasé,
Sans s'en apercevoir... Comme on est exposé!...
Détournons l'entretien par quelque politesse...
  (Haut.)
Monsieur le chevalier nous met tous en tristesse
A l'hôtel Gaudriot... Vous nous avez quittés...
Nous ne vous voyons plus en petits comités...
  (Salut dédaigneux de de Pyange.)
  DE PYANGE.
J'ai pris part cet hiver à vos superbes fêtes...
  GAUDRIOT.
Seuls, on jouit bien mieux du plaisir que vous faites!
Ah ça!... si pour cesser de nous tenir rigueur,
Vous veniez...
  DE PYANGE.
   Oh! pardon!
  GAUDRIOT.
   Allons!
  DE PYANGE, sèchement.
   Beaucoup d'honneur!
  GAUDRIOT, avec cajolerie.
Il faut absolument qu'à nous l'on vous regagne.

Vous ne connaissez pas ma maison de campagne:
La famille d'Ircey vient y dîner tantôt...
Vous l'accompagnerez?...
  DE PYANGE, lentement en l'observant.
   N'ajoutez plus un mot...
J'irais, si je croyais que vous fussiez capable
D'aider mon pauvre ami, qu'un mauvais sort ac-
Mais...    [cable.
  (Gaudriot fait un soubresaut et tire sa montre.)
  GAUDRIOT.
 Nous en causerons demain plus mûrement.
  (Bas.)
Sortons vite!
  (Haut.)
 Ah! mon Dieu! l'heure dans un moment...
  DE PYANGE.
L'heure de quoi?
  GAUDRIOT.
 Parbleu! l'heure où s'ouvre la Bourse.
A demain...
  (Il s'enfuit.)
  DE PYANGE, seul.
 Adrien est perdu sans ressource!
Les serres de vautour du cruel fournisseur
L'étreignent!... C'en est fait!...
  (Avec un soupir.)
 J'aimais beaucoup sa sœur!
A ce bon Adrien... Elle était si jolie!
Chère Agathe! elle aussi, m'aimait à la folie!
Mais ses trois mille francs... de rente... Ah! c'est
   trop peu!
Le sort, en vérité, semble se faire un jeu
D'offrir aux épouseurs, découragés sans cesse,
Ou de l'or sans amour, ou l'amour sans richesse!
Verrai-je Adrien? Non... je ne puis rien pour lui:
De l'entendre gémir, épargnons-nous l'ennui!
Sortons!
  (Prêt à sortir, il s'entend appeler.)

## SCÈNE XIII.
### DE PYANGE, JULIE.
(La jeune fille arrive par la porte du cabinet de droite, au premier plan, d'un air tremblant et embarrassé, mais pourtant avec beaucoup de vivacité et d'action.)
  JULIE, sur le seuil de la porte, à demi-voix.
Monsieur de Pyange!... un mot!...
  DE PYANGE.
   Oh! la surprise
  (Il va à elle.)
Est charmante...
  JULIE, rapidement d'une voix entrecoupée.
   Ecoutez!... mon malheur autorise
Ce que... j'ose... vers vous...
  DE PYANGE, ému.
   Parlez... ne craignez rien...
  JULIE, avec effort.
Sauvez-moi donc la vie en sauvant Adrien...

Vous le pouvez.
(Elle cache ses yeux.)
DE PYANGE.
Comment?
JULIE.
Le malheureux jeune homme
Doit vingt mille écus.
DE PYANGE, gravement.
Oui.
JULIE.
Vous avez cette somme!...
(Mouvement de de Pyange.)
Sur l'Etat, me dit-on... et nul de ses amis
N'a d'argent...
DE PYANGE, plus sérieusement.
Mais... le mien... serait... fort compromis!
JULIE, vivement.
Point du tout!... Je le prouve... écoutez bien...
DE PYANGE.
J'écoute !
JULIE, de même.
N'aimiez-vous pas la sœur d'Adrien ?
DE PYANGE.
Oui, sans doute!...
JULIE, de même.
Vous l'eussiez épousée avec bonheur ?
DE PYANGE, embarrassé.
Hélas !
JULIE, très vivement.
Vous la croyez trop pauvre ?... Agathe ne l'est pas.
Les femmes, ce grand siècle a d'étonnans systèmes,
Ne valent aujourd'hui plus rien par elles-mêmes...
Eh bien ! Agathe est riche et fait un beau parti !
De son bien paternel, comme rien n'est sorti,
Elle a, grâce à son oncle, à l'instant pour partage,
Vingt mille francs de rente avant son héritage...
DE PYANGE, avec joie, étourdiment.
Se peut-il ?...
JULIE, froidement d'abord, puis très chaudement.
C'est très sûr... Or, vous comprenez bien
Qu'Agathe veut payer les dettes d'Adrien !
Qu'elle ne l'a point fait parce qu'elle est mineure.
Prenez-la... De ses biens maîtresse à la même heure,
Elle sauve son frère ! il vient vous rembourser !
Il rentre dans sa terre, et je puis l'épouser !
Nous sommes tous heureux ! tous riches !
DE PYANGE.
C'est étrange !
JULIE, avec crainte.
Eh bien ! vous répondez ?...
DE PYANGE.
Que vous êtes un ange !
JULIE, avec impatience et presque en larmes.
Eh ! mon Dieu non, monsieur, je ne suis, par
[malheur,
Qu'une fille qui pleure... et qui, dans sa douleur,
Pour sauver votre ami se creuse en vain la tête.
(Pleurant.)
Je sens que je la perds si... Mais qui vous arrête?

Agathe est belle et riche !
DE PYANGE.
Ah ! n'en dites pas tant !
C'est m'humilier !
JULIE.
Quoi?
DE PYANGE.
Ce soir, l'argent comptant,
(Lui tendant la main.)
Pour... notre ami...
JULIE, la serrant.
Très bien !
DE PYANGE, embarrassé.
Il ne faut pas qu'on sache
Mon mariage...
JULIE.
Soit !
DE PYANGE.
Même... il faut... qu'on le cache...
A la chère maman !
JULIE.
Oh ! sans doute... à ce soir...
Merci !... Que j'ai bien fait de chercher à vous voir!
(Elle sort.)

oooooooooooooooooooooooooooooooooooooooooooooooooo

## SCÈNE XIV.

DE PYANGE, seul.

Quel essor prend l'esprit, lorsque l'amour l'excite!
J'ai su mon droit jadis... je n'aurais pas si vite...
(Riant.)
Ah ! les femmes pourraient gouverner, sur ma foi !
Eh ! que font-elles donc ? suis-je candide, moi !
Nous tenons le pouvoir, à quoi bon ? nous ne
[sommes
Que leurs premiers commis... même nos plus
[grands hommes...
(Avec joie.)
Vingt mille francs de rente !... Agathe ! ah ! c'est
[au mieux !

oooooooooooooooooooooooooooooooooooooooooooooooooo

## SCÈNE XV.

DE PYANGE, ADRIEN, entrant par la porte
du salon, à droite, au dernier plan.

ADRIEN, saluant du côté du salon.
Recevez mes respects, madame, et mes adieux !
Je n'oublierai jamais la bonté consolante
Que vous m'avez montrée... Ah ! ma tête est
[brûlante.
DE PYANGE.
Adrien !
ADRIEN, exalté.
Ah ! c'est toi, de Pyange... Apprends mon sort.
Il est affreux !... je perds... c'est l'arrêt de ma mort.
Je ne puis plus parler ! D'ailleurs, pourquoi t'in-
[struire ?
DE PYANGE, d'un air important.
Je connais tes chagrins !... l'espoir qu'on veut dé-
Tu dois beaucoup ? [truire !

## ACTE I, SCÈNE XV.

ADRIEN, soupirant.
                    Beaucoup !
DE PYANGE, toujours emphatique.
                                On te prend sans façon
Ta terre à moitié prix ?
            ADRIEN, négativement.
                        Oh ! c'est un bon garçon
Qui me tire d'affaire en me défaisant d'elle !
            DE PYANGE.
Un bon garçon, dis-tu, monsieur La Rivardelle ?
Mon cher, c'est un fripon !
            ADRIEN, impatienté.
                        A qui donc me fier ?
Fripon, soit !... Il faut vendre à tout prix, et
                                        [payer !
DE PYANGE, d'une voix solennelle, et le prenant à
                demi dans ses bras.
Adrien ! Adrien !... ta conduite est coupable !...
            (Avec emphase.)
Plutôt qu'un étranger, n'étais-je pas capable
D'obliger un ami ?
            ADRIEN, frappé de surprise.
                    Quoi ?
            DE PYANGE, de même.
                        Paix !... combien dois-tu ?
ADRIEN, ému, lui tendant la main, mais remuant la
            tête comme pour refuser.
Trop !... Malgré les chagrins de mon cœur abattu,
J'y garde en souvenir ton offre généreuse ;
            (Gravement.)
Je ne l'accepte pas... l'affaire est dangereuse !
Mes terres... conçois-tu cette fatalité ?
N'ont plus de revenu, quand tout s'est augmenté ;
Voilà ce qui surprend surtout La Rivardelle,
Qui les administrait...
            DE PYANGE.
                    En gérant très fidèle...
Bonne ou mauvaise, enfin, la terre me suffit ;
Je te prête, et revends, avec ou sans profit ;
Je ne souffrirai pas qu'on enlève un centime
Au delà de sa dette à l'ami que j'estime !
            ADRIEN.
Mon âme est pénétrée ; ah ! quel dommage !
            DE PYANGE.
                                Eh ! quoi ?
            ADRIEN.
Aujourd'hui, si ton cœur... était libre !...
            DE PYANGE.
                            Et pourquoi !
            ADRIEN.
Quel plaisir j'aurais pris à te nommer mon frère !
Sans cette passion qui t'absorbe...
            DE PYANGE, avec décision.
                        Au contraire ;
J'ai senti qu'il fallait la rompre, et je l'ai fait !
J'aime d'un amour pur... un être... si parfait !...
            ADRIEN,                [grâce !
Est-ce ma sœur, mon cher ?... explique-toi, de
            DE PYANGE.
Eh ! qui donc, mon ami ?
            ADRIEN, avec transport.
                    Viens donc, que je t'embrasse !
Ma sœur t'aime toujours !
            DE PYANGE.
                        Comment la mériter ?
            ADRIEN.
Ah ! cher ami... Du reste... on vient de la doter
Richement... et tant mieux !... puisque je te la
            DE PYANGE.                [donne.
Ah !
        (Il se jette dans les bras d'Adrien.)
            ADRIEN, avec effusion.
Ton or, je l'accepte... à toi je m'abandonne...
        (Exalté tout à fait.)
Quel charme de trouver un cœur franc, généreux,
Qui s'élance au secours d'un ami malheureux !
L'intérêt personnel n'agit point sur son âme,
Tiens ! sans toi, j'abhorrais ce monde comme in-
                                        [fâme !
            DE PYANGE, un peu embarrassé.
C'est trop ! Quand notre cœur est sous la passion,
Qu'il bat plein de jeunesse et plein d'illusion.
Tout semble enfer ou ciel, tout paraît flamme
                                    [ou glace ;
L'expérience arrive et met tout à sa place.
Ne fais pas tant valoir un service léger,
J'y trouve mon profit !
            ADRIEN, avec chaleur.
                    Tu n'y pouvais songer !
C'est un beau trait !
            DE PYANGE.
                Pour beau s'il te plaît de le prendre,
Soit !... je veux seulement te faire un peu com-
                                    [prendre
Le positif du monde ; enfin, cher Adrien
Sauf peu, très peu de cas... on n'y fait rien pour
            ADRIEN, toujours exalté.            [rien.
Excepté toi !
            DE PYANGE.
                Mais non, je te rends ta Julie,
Mais j'épouse ta sœur... un double nœud nous lie...
        (D'un ton plus sérieux.)
Ta dette à Gaudriot échoit... quand ?
            ADRIEN.
                                Aujourd'hui !
            DE PYANGE.
Si tôt !... ah diable !... Alors... allons dîner chez lui.
Je t'emmène avec moi !
            ADRIEN.
                    Ce serait trop étrange !
Moi qu'il poursuit !...
            DE PYANGE.
Eh bien ! c'est alors qu'on s'arrange.
Sa femme a du pouvoir sur son maussade époux,
Peut-être elle voudra s'intéresser à nous.
J'ai plus d'un projet, viens !...

ADRIEN.
Ah! que cela me coûte!
DE PYANGE.
Je le crois, mon ami, mais cependant, écoute :
Pour te donner les fonds dont je puis disposer,
Il faut au moins un jour pour les réaliser.
ADRIEN, [crainte ;
C'est juste!... Excuse, ami, ma gêne et ma con-
Je n'ai dans ce moment qu'un chagrin, qu'une
[crainte...
C'est d'ignorer l'instant où je pourrai revoir
Celle en qui j'ai placé ma vie et mon espoir.
DE PYANGE, ironiquement.
Celle en qui tu plaças ton espoir et ta vie,
Dîne chez Gaudriot!...

ADRIEN, avec un cri.
Ah! mon âme est ravie!
DE PYANGE, continuant.
A sa maison des champs, dans un charmant séjour,
Où l'on peut promener ses doux rêves d'amour!
Es-tu content? As-tu quelque excuse nouvelle?...
ADRIEN, prenant les mains de de Pyange.
Aucune!... Ah! quel plaisir, tout un jour auprès
(Avec abandon.) [d'elle!
Veille à nos intérêts! c'est toi qui les conduis!
Je t'obéis en tout... et partout je te suis!...
DE PYANGE, en riant, achève avec lui sa pensée et
le vers.
Tu me suis!
(Ils sortent ensemble en se tenant à demi embrassés.)

❊❊❊❊❊❊❊❊❊❊❊❊❊❊❊❊❊❊❊❊❊❊❊❊❊❊❊❊❊❊❊❊❊

## ACTE DEUXIÈME.

L'intérieur élégant d'un belvédère dans les jardins de M. Gaudriot. — On est à sa campagne. — Au fond, et des deux côtés, plusieurs portes-fenêtres laissent voir de toute part des massifs de verdure. — Une table, à droite; chaises en jonc; rideaux aux fenêtres. — Celles du premier plan, à gauche et à droite, ont chacune un petit canapé dans leur embrasure.

### SCÈNE I.
### ADRIEN, DE PYANGE.

ADRIEN, regardant dans l'intérieur du belvédère, de la porte gauche du fond.
Quel luxe dans ce parc!... Encore un belvédère
Perdu dans ces massifs, avec grâce et mystère!...
(Criant.)
De Pyange! viens donc voir... et tâche d'amener
Quelqu'un... de ceux qu'on voit là-bas se prome-
[ner.
DE PYANGE, paraissant à la même porte et entrant.
Oui, c'est très joli! Mais, je n'appelle personne.
ADRIEN.
Pourquoi?
DE PYANGE.
Mon cher! l'amour fait que l'on déraisonne.
ADRIEN.
Qu'as-tu donc?
DE PYANGE.
Les amans sont de grands maladroits...
(Avec colère.)
Ton manége est visible.
ADRIEN.
Et que fais-je?
DE PYANGE.
Oh! tu crois
Qu'on ne devine pas la cause positive
Qui fixe sans motif ta vue admirative
Sur un arbre... une fleur... quand tu feins d'appe-
Les gens qui vont ailleurs, afin de t'isoler [ler
Le plus que tu le peux, toujours avec Julie?
ADRIEN.
On s'en est aperçu?

DE PYANGE.
Sans doute, et ta folie
Vous compromet tous deux... Bref, si vous persis-
La mère va garder sa fille à ses côtés; [tez,
Et toi tu peux compter qu'au bal de la soirée,
A Paris, chez d'Ircey, tu te fermes l'entrée.
ADRIEN.
Pardonne... je suis fou de plaisir et d'amour;
C'est à toi que je dois le bonheur de ce jour,
Le plus beau de ma vie!... Elle m'a dit des cho-
C'est un ange!... [ses...
DE PYANGE.
Avec qui tu te perds dans les roses...
ADRIEN.
Si tu pouvais savoir... « Je n'aimerai jamais
Que vous, m'a-t-elle dit, et je vous le promets! »
DE PYANGE.
N'aimer jamais que toi... cela peut se promettre!
Mais n'épouser que toi... c'est plus douteux, peut-
[être.
Par malheur!... mon ami, nos affaires vont mal.
Tu dois payer ce soir... c'est ton délai fatal;
Or, demain seulement, à la bourse prochaine,
Mes fonds...
ADRIEN.
Quoi! nul banquier?...
DE PYANGE.
Si leur parole enchaîne,
Celle de deux d'entre eux me laisse un peu d'es-
[poir;
Mais rien n'arrive encore, et nous touchons au
ADRIEN. [soir.
Il est vrai! c'est affreux! Je ne puis pas te rendre
Ce que je souffre.

DE PYANGE.
       Et moi, je n'ai pour le comprendre
Qu'à me dire : Je perds ce que j'aime... ta sœur !
Je sens toute ta peine, en jugeant par mon cœur.
            ADRIEN, vivement.
Toi, tu ne risques rien... Ma sœur sans nul con-
                                        [trôle
Peut te prendre... elle t'aime... et tu tiens ma pa-
            LE PYANGE.                  [role.
Brave et loyal garçon !... Tiens, je suis furieux !
On viendrait consommer ta ruine à mes yeux !
Moi, qui te prête !... Et c'est par défaut de la
                                        [somme
Que j'ai, qui m'appartient !... Mais cette espèce
                                        [d'homme
Qui tient nos fonds, se montre, en chaque cas ur-
                                        [gent,
Toujours lente à payer, même avec notre argent !
            ADRIEN, toujours plus ému.
Mon cher, c'est fait de moi !... ma vie est com-
                                        [promise!
Dire qu'il ne faudrait qu'un seul jour de remise...
            DE PYANGE.
De Gaudriot ?.. jamais ! Un bien meilleur moyen,
Si sa femme voulait nous aider...
            ADRIEN.
                        Oh ! très bien.
Elle peut donc...
            DE PYANGE.
              Beaucoup... Sa maison élégante
Accueille tout Paris... elle est fort intrigante
Pour le succès des plans entre ses mains remis.
Belle encore et coquette... elle a nombre d'amis.
En dînant, j'ai déjà, d'une façon pressante,
Attaqué sa belle âme aux maux compatissante ;
J'ai dit que j'avais mis en elle un ferme espoir
Et que j'attendais d'elle une grâce ce soir.
            ADRIEN.
Bien !
            DE PYANGE.
Pas trop ! car son cœur, enclin à la tendresse,
A cru que je prenais ce détour par adresse,
Pour me rapprocher d'elle et lui faire ma cour.
            ADRIEN.                     [jour ;
Fais-lui ta cour, mon cher, au moins pendant ce
Tu me sauves... Fais donc une cour empressée...
            DE PYANGE.
Es-tu fou ? je suis loin d'en avoir la pensée !
            ADRIEN, surpris et consterné.
Comment, toi.. mon conseil, mon ami, mon sau-
            DE PYANGE.                  [veur !
Comment ! toi, qui me sais amoureux de ta sœur,
Tu veux...
            ADRIEN, troublé.
Rien ! seulement, dis-lui qu'elle est charmante.
Que ton cœur... (lieu commun)... bat...
            DE PYANGE.
                        Tu veux que je mente !

            ADRIEN.
Feindre n'est pas mentir ! Qui pourra t'accuser ?
Ni moi, ni ma sœur ! Ah ! peux-tu me refuser ?
            DE PYANGE.
Non, tu me prouves trop, par ce que tu proposes,
Combien nos intérêts changent l'aspect des choses !
            ADRIEN.
Tu ris ?...
            DE PYANGE.
Non...non...D'ailleurs, j'ai vu dans plusieurs cas
Utiliser l'amour, par gens très délicats !
Moi, c'est pour un ami...
            ADRIEN.
              Va, c'est très pardonnable.
            DE PYANGE.
Je vais donc essayer... Toi, sois plus raisonnable !
            ADRIEN.
Oh ! oui, l'air le plus froid va cacher mon amour !
            DE PYANGE.
Je vais, sans en avoir, en montrer à mon tour !
(Prêt à sortir par la porte du fond à gauche, il s'arrête.)
Ne vient-on pas ici ? J'entends marcher... écoute !
            ADRIEN, regardant.
C'est, je crois, Gaudriot...
            DE PYANGE.
                    Peut-être... Or, dans le doute,
Par là !
(Il va à la porte droite du fond, en jetant un regard
   du côté par où Adrien a regardé.
Je reconnais, moi, l'un de ses commis.
Viens ! ne manœuvrons pas trop près des ennemis.
(Ils sortent vite par la porte du fond, à gauche, tandis
que l'on voit Gaudriot paraître à celle de droite.)

∞∞∞∞∞∞∞∞∞∞∞∞∞∞∞∞∞∞∞∞∞∞∞∞∞∞∞

SCÈNE II.

GAUDRIOT, LORICOT ; le dernier tient une
liasse de papiers qu'il pose sur la table en entrant.

            GAUDRIOT.
Tout va bien : le jeune homme, accablé par la
                                        [crainte
De fâcher son cher oncle, en risquant la con-
                                        [trainte,
Du scandale surtout pour éviter l'ennui,
Laisse vendre son bien, s'il ne paie aujourd'hui.
C'est une affaire d'or, mais si quelqu'un la flaire
Et vient lui prêter... moi, j'aurais fait de l'eau
                                        [claire.
Je ne sais pas pourquoi je doute du succès,
Car vers aucun prêteur Adrien n'a d'accès.
            LORICOT.
Pardon ! monsieur de Pyange a des fonds sur la
Qu'il vend...                           [rente,
            GAUDRIOT, vivement.
         Il n'en peut faire avant demain la vente,
Il eût trouvé plus vite un prêt sur son coupon.

LORICOT, surpris.

Il ne connaît donc rien en affaires ?

GAUDRIOT, se frottant les mains.

Eh ! mais non.
N'importe, pressons-nous... un bénéfice énorme
Doit faire tout brusquer... il faut que l'on s'informe.

LORICOT.

C'est fait... La Rivardelle arrive après dîner,
Avec le pot-de-vin qu'on vient de lui donner.

GAUDRIOT.

Il a donc acquéreur ?

LORICOT.

Oui.

GAUDRIOT, joyeux.

Guette sa venue...
Dès que son tilbury sera dans l'avenue,
Tu vas le recevoir... ici tu le conduis...
Car nous devons causer ensemble, seuls.

LORICOT.

Et puis ?

GAUDRIOT.

Tu viendras m'avertir près de la compagnie.
(Riant.)
Vois-tu, c'est qu'une affaire, alors qu'elle est finie
Et qu'il faut partager le bénéfice...

LORICOT.

Eh bien ?

GAUDRIOT.

Nécessite toujours un secret entretien ?

LORICOT.

J'entends...

GAUDRIOT.

J'ai désigné cet endroit solitaire...
On est ici caché comme au bout de la terre ;
On n'y vient presque pas... Je rejoins le marquis.
Ce soir je palperai des écus.

LORICOT, saluant Gaudriot ironiquement.

Bien acquis !

GAUDRIOT, surpris.

Hein ?

LORICOT, souriant toujours.

Une opération d'une espèce douteuse,
Et dont il faut cacher la marche assez boiteuse.

GAUDRIOT.

Qu'est-ce à dire ?

LORICOT, de même.

Oh ! ceci me regarde assez peu ;
Mais je voudrais tirer mon épingle du jeu.
Or, vous, qui gagnez tant, songez à ma prière...
Cinquante francs par mois ! dont j'ai deux en arrière.

GAUDRIOT, durement.

Parle à ton patron... moi, je ne t'ai rien promis.

LORICOT.

Non... mais je suis, monsieur, presqu'un de vos commis.

GAUDRIOT.

Toi, mon commis ! jamais... j'en voudrais un moins bête,
Qui se ferait payer !

LORICOT.

Quoi ?

GAUDRIOT.

Tu me romps la tête.
Prends patience... et songe à ma commission !
(Il sort.)

LORICOT, consterné, seul.

Oui, monsieur !... Ces gens-là sont sans compassion.
Le gain les rend plus durs et plus impitoyables !...
Ah ! comme j'enverrais la place à tous les diables,
Si j'avais mes cent francs !... Morbleu ! souffrir la faim !
Quand tant d'argent volé me passe sous la main !
Il a raison, je suis un sot... mais si je trouve
Moyen de me payer... qu'on me blâme ou m'approuve,
Plus de scrupule ! oh non ! cela porte malheur.
Je veux être un fripon, ma parole d'honneur !...
Mais je rêve... Ai-je en moi, comme un La Rivardelle,
L'étoffe d'un bandit taillé sur ce modèle ?
(Il sort en riant. — Pendant qu'il s'en va par l'une des deux portes-fenêtres du fond, de Pyange arrive par l'autre, du côté opposé.)

○○○○○○○○○○○○○○○○○○○○○○○○○○○○○○○○○○○○○○○○○○

## SCÈNE III.

DE PYANGE, puis M<sup>me</sup> GAUDRIOT.

DE PYANGE, arrivant par la porte du côté gauche du belvédère, qui est ouverte, entend fermer l'autre du côté droit par Loricot.

Bon ! justement on sort !... Le kiosque est désert,
Venez... prenez ma main...

M<sup>me</sup> GAUDRIOT, arrivant sur les pas de de Pyange.

Je ne sais à quoi sert
Le mystère qu'il faut à votre confidence...
Mais, c'est pour vous... j'y mets quelque condescendance.
(Avec abandon.)
Ah çà ! qu'avez-vous donc, de Pyange, à me conter ?

DE PYANGE.

Vous allez le savoir !

M<sup>me</sup> GAUDRIOT.

J'ai peur de m'en douter !
Je viens... puisqu'il s'agit d'un service à vous rendre ;
Mais si, dans l'entretien que nous allons reprendre,
Vous me parlez encor d'amour comme tantôt...
Je vous en avertis, je vous quitte aussitôt !

DE PYANGE, à part.

Diable ! ceci va mal !
(Haut.)
Si vous étiez moins belle,
Ce serait aisé ; mais, pour vous toujours fidèle,
Mon cœur...

M<sup>me</sup> GAUDRIOT, d'un ton piqué, mais franc.

Assez ! Tenez, de Pyange, écoutez-moi ;
Je vais vous parler net... je suis de bonne foi.

## ACTE II, SCÈNE III.

Vous eûtes, l'an dernier, le dessein de me plaire,
Et peut-être...
    DE PYANGE, l'interrompant, feignant une vive
              émotion.
    Ah ! je n'obtins qu'un regard de colère !...
      M^me GAUDRIOT, avec chaleur.
Vous ne le pensez pas ! D'un homme tel que vous
Un hommage est flatteur et s'entend sans courroux,
Dût-on le refuser !
    DE PYANGE, avec une feinte passion.
           Que dites-vous, madame ?...
                M^me GAUDRIOT.
Je dis que vous aviez fort bien lu dans mon âme,
Et que, sans vous donner ni vous priver d'espoir,
Mon estime pour vous se laissait assez voir ;
Mais votre cœur pour moi n'éprouvait qu'un ca-
Et vous ne m'aimiez pas !         [price,
         DE PYANGE.
            Quelle horrible injustice !
        M^me GAUDRIOT.
Soyez franc ; dès ce temps, vos vœux mieux écoutés
Étaient, comme aujourd'hui, vers une autre portés ;
C'est madame d'Ircey seule qui vous captive.
    DE PYANGE, effrayé et fâché.
Qu'osez-vous supposer ?
         M^me GAUDRIOT.
              La façon plus que vive
Dont vous la défendez, confirme mes soupçons !
    DE PYANGE, tout ému.
Moi ! je la défendrais de toutes les façons !
        M^me GAUDRIOT.
Vous êtes discret ; bien !...
          DE PYANGE.
           Non, c'est lui faire injure !
Je l'estime et l'admire... et... c'est tout, je vous
    M^me GAUDRIOT, avec ironie.    [jure !
Laissons là ce sujet, puisqu'il vous émeut tant !
Et qu'il m'amuse peu !
      DE PYANGE.
          Vous m'accablez !... Pourtant,
Si vous pouviez savoir !...
      M^me GAUDRIOT.
        Quoi donc, monsieur de Pyange ?
Convenez, entre nous, que ce retour étrange
Vers moi, quand on vous voit ailleurs aux petits
                       [soins...
Près d'une autre, a le droit de m'étonner au moins.
    DE PYANGE, plus embarrassé.
Près d'une autre ?... Comment ? Quoi ? que vou-
                    [lez-vous dire ?
      M^me GAUDRIOT.
Rien !...
        DE PYANGE.
Mais encore ?...
           M^me GAUDRIOT.
        Eh bien ! votre amour peut se lire
Près de l'objet aimé, presqu'à chaque momens ;
Vous suivez tous ses pas et tous ses mouvemens,
Prêt à la soutenir si le pied lui chancelle,
Et toujours unissant la route au devant d'elle !
Qu'un gant, qu'un éventail la gênent... aussitôt...
Vous vous en emparez galamment... Et tantôt,
Comme elle se plaignait de la chaleur brûlante,
Vous avez dénoué son écharpe élégante,
Pour l'en débarrasser ?
    DE PYANGE, simplement.
           J'en demeure d'accord ;
Je l'ai mise en ma poche, où même elle est encor.
Tout homme qui sait vivre et qui suit une dame
En fait autant que moi.
      M^me GAUDRIOT, ironiquement.
            Mais, loin que je vous blâme,
Je vous fais compliment !
        DE PYANGE.
              Je ne l'accepte pas.
Je ne suis point épris de cette dame, hélas !
Tandis que...
                (Il soupire.)
      M^me GAUDRIOT, ironiquement.
Vous m'aimiez depuis un an ?
      DE PYANGE, vivement.
                Sans doute !
      M^me GAUDRIOT, de même.
Sans oser me le dire ?
    DE PYANGE, jouant la passion.
          Écoutez-moi !
        M^me GAUDRIOT.
              J'écoute...
Quelle timidité ! si nouvelle pour vous !
    DE PYANGE, avec un accent presque tragique.
Je n'étais pas timide, hélas ! j'étais... jaloux !
    M^me GAUDRIOT, commençant à croire.
Jaloux ? de qui ?
    DE PYANGE, avec exaltation, feignant d'essuyer ses
                        yeux.
        De... de...
           (A part.)
              Que diable lui dirai-je ?...
(Haut.)
Vous le savez trop bien !
      M^me GAUDRIOT.
           Comment devinerai-je ?
Est-il à dîner ?
        DE PYANGE.
      Oui !
           (A part.)
        Ma foi, risquons cela !
        M^me GAUDRIOT.
C'est Brégy !... ce grand blond... assez bien...
        DE PYANGE.
                    Le voilà !
        M^me GAUDRIOT.
Un conseiller d'État !
         (Avec entraînement.)
           N'en soyez point en peine.
Nous l'accablons d'égards... Gaudriot me l'amène...

Sans cesse à la maison... Il espère par lui
Redevenir encor fournisseur aujourd'hui...
Mais pour lui je n'ai rien... et pour la belle dame,
Vous, de Pyange, bien vrai... vous n'avez rien
[dans l'âme?

DE PYANGE, avec force.

Rien!...

M<sup>me</sup> GAUDRIOT.

Rien?
(Elle le regarde avec confiance et lui laisse prendre
sa main.)

DE PYANGE.

Et maintenant, quelque espoir m'est-il dû?

M<sup>me</sup> GAUDRIOT.

Tout ce qui par l'honneur ne m'est pas défendu,
(Baissant les yeux et avec émotion.)
Une amitié sincère... et pure par l'estime...
En vous donc je veux voir... un ami bien intime...
Qui me viendra souvent... avec qui je pourrai...
Parler... à cœur ouvert... que je consulterai...

DE PYANGE.

Pas plus?

M<sup>me</sup> GAUDRIOT.

Assez!

DE PYANGE.

Enfin, cette amitié si bonne?...
J'en voudrais une preuve!

M<sup>me</sup> GAUDRIOT.

Achevez. Je la donne...
Si c'est possible.

DE PYANGE.

Oh! oui! votre époux est... pardon...
En affaires d'argent... très...

M<sup>me</sup> GAUDRIOT.

Oui, c'est un fripon.
Après... allez!...

DE PYANGE.

Fort bien!... Ce soir, il se prépare
A prendre à très vil prix des biens qu'il accapare
Sur un de mes amis...

M<sup>me</sup> GAUDRIOT, chaudement.

Ne m'en dites pas plus!
Je connais mieux que vous les projets résolus
Contre cet Adrien... auquel je m'intéresse,
Puisqu'il est votre ami...

DE PYANGE, avec tendresse.

Chère...

M<sup>me</sup> GAUDRIOT, l'interrompant et repoussant sa
main qui semble s'approcher de la sienne.

Allons! le temps presse...
Or, par bonheur, j'ai su que sa terre se vend
A ce même Brégy que nous voyons souvent.
Je m'en vais lui parler... j'ai sur lui... quelque em-
[pire.
Voici tout simplement ce que je vais lui dire.
(Du ton d'une femme qui comprend les affaires, et
avec fermeté.)
Vous n'achèterez rien de Gaudriot... Sachez
Qu'il gagne au moins moitié sur de pareils marchés!
Traitez avec celui... dont on vend l'héritage...

On vous a déjà pris même un très fort courtage :
Vingt mille francs, je crois, sorte de pot-de-vin
Par mons La Rivardelle accrochés ce matin !
C'est perdu!.. Mais je sais aussi que le jeune homme
Vous tiendra noblement compte de cette somme,
Et comme on croit enfin qu'il vend contre son gré,
Prenez, pour l'obliger, sa terre à réméré.
Il paye Gaudriot! il s'en tire!

DE PYANGE, enchanté.

A merveille!
Mais Brégy voudra-t-il?

M<sup>me</sup> GAUDRIOT, coquettement.

Si... je le lui conseille!...

DE PYANGE.

Ah! madame, vraiment, c'est un ange sauveur
Que nous trouvons en vous!

M<sup>me</sup> GAUDRIOT, d'un air tendre.

C'est en votre faveur,
Et pour vous seul au moins.

DE PYANGE.

Ah! ma reconnaissance...

M<sup>me</sup> GAUDRIOT, de même.

Votre... amitié suffit. Je crains que mon absence
Ne paraisse trop longue... Au revoir... à bientôt!
(Prête à sortir, elle s'arrête et ramène vivement de
Pyange par la main en disant :)
Paix! quelqu'un!

DE PYANGE, surpris et inquiet.

Je m'enfuis!

M<sup>me</sup> GAUDRIOT, très émue.

Non, cachez-vous plutôt.
( Elle indique l'embrasure de la porte-fenêtre à
gauche. ) [tremble!
Vous seriez vu! mon Dieu, qui peut venir?... je
Si c'était Gaudriot... et s'il nous voit ensemble,
Qu'irait-il supposer?... il est si soupçonneux!
(Regardant.) [deux!
C'est lui précisément! Mais je crois qu'ils sont
(A de Pyange.)
Oui, c'est La Rivardelle. Il faut que je m'arrange
Pour donner un prétexte à ma présence étrange
En pareil lieu... Tâchons d'écarter tout danger
En les faisant sortir...

(A de Pyange.)

Gardez-vous de bouger!...
(Elle tire vivement les rideaux de la fenêtre devant
lui.—A part.)
Quel embarras, mon Dieu!

DE PYANGE.

Mon rôle est fort bizarre!

## SCÈNE IV.

Les Mêmes, GAUDRIOT, LA RIVAR-
DELLE, puis LORICOT.

GAUDRIOT, qui est entré sans voir sa femme, l'apercevant.

Allons! ma femme ici!... Ce n'est pas chose rare
De la trouver toujours où je ne la veux pas.

## ACTE II, SCÈNE V.

M^me GAUDRIOT.
Le propos est galant!

GAUDRIOT.
Madame, il est des cas
Où l'on se passe bien de la galanterie...
Il faut me laisser seul ici, je vous en prie.
(Bas, en faisant le mouvement de compter de l'argent.)
Vous me feriez manquer une opération...

M^me GAUDRIOT.
Veuillez me pardonner mon indiscrétion...
Je m'en vais...

GAUDRIOT.
Allez vite!

M^me GAUDRIOT.
Oui, je vous importune.
Votre bras?

GAUDRIOT.
Non!

M^me GAUDRIOT.
Alors, vous me gardez rancune!

GAUDRIOT.
Allez sans moi!

M^me GAUDRIOT.
Comment!

LA RIVARDELLE.
Finissons... consentez...

GAUDRIOT.
Venez donc!...

DE PYANGE, caché.
Suis-je au bout de mes anxiétés?
Non, c'est qu'un autre arrive et me recloue au gîte.
Je ne sais où j'ai vu cet être hétéroclite!
(Il regarde Loricot.)

### SCÈNE V.

**DE PYANGE, caché, LORICOT, puis LARIVARDELLE.**

LORICOT, portant une grosse sacoche d'argent qu'il pose à terre.
Ah! que ça m'irait bien!
(Il ouvre la sacoche et en tire six sacs qu'il pose sur la table.)

DE PYANGE.
Morbleu! quel embarras!

LORICOT, tristement.
Mais je n'aurai jamais que leur poids sur les bras!
(Ici, La Rivardelle, qui n'a pas cessé de voir pendant qu'il reconduit madame Gaudriot, emmenée par son mari, semble lui adresser un dernier salut, puis rentre aussitôt; il va droit à la table où Loricot a posé les six sacs; il tient à la main un portefeuille, dont il tire un paquet de billets de banque qu'il a l'air de compter.)

LA RIVARDELLE.
Tout est là-dessus?

LORICOT.
Oui!

LES CONVENANCES D'ARGENT.

LA RIVARDELLE.
Voyons : billets de banque,
Quatorze... en écus, six... font bien vingt... Rien
[n'y manque!
C'est déjà fort joli! mais le gain à venir
Vaudra cinq fois autant! J'ai hâte d'en finir.
(Se frottant les mains.)
Que je rencontre encor dix affaires semblables,
Et j'achète un château... mais des plus conforta-
[bles!

LORICOT.
Moi, je serais content, si je venais à bout
De payer seulement... mon terme! voilà tout.

LA RIVARDELLE.
Ah! ah! ah!

DE PYANGE, bas, à lui-même.
Oui, parbleu! cet homme à mon service
A passé quelques mois; il avait plus d'un vice,
Je le chassai... C'est lui! je le reconnais bien!

LORICOT, à lui-même, en soupirant.
Ah bah! les malheureux n'amassent jamais rien

LA RIVARDELLE, avec fatuité, se promenant.
Ce pauvre Loricot! jamais il ne desserre
Les lèvres devant moi, que pour pleurer misère;
Quel ennuyeux garçon! Oh! tu peux t'en vanter!

LORICOT, tristement.
La misère, monsieur, ne fait pas trop chanter!
Vous parlez du château que le destin vous garde,
A l'homme qui n'a pas pour payer sa mansarde!

LA RIVARDELLE.
Bon! grâce au traitement qu'au logis tu reçois,
Tu vis!

LORICOT.
Je vis tout juste une moitié du mois!
Vous m'aviez tant promis quelque modeste somme
Pour m'habiller... eh bien! j'attends toujours!

LA RIVARDELLE.
Quel homme!
Jamais content!

LORICOT.
Payez du moins l'arriéré!

LA RIVARDELLE.
Tu mériterais...

LORICOT.
Quoi? Payez... je m'en irai!

LA RIVARDELLE, se fâchant. [guères,
Mais vous prenez un ton qui ne vous convient
Mons Loricot! jadis, j'ai connu vos affaires,
Et vous fîtes toujours d'assez tristes métiers.

LORICOT.
C'est vrai! je n'ai jamais pu payer mes loyers!
Jamais su gouverner ma vie aventureuse
De manière à changer ma chance désastreuse...
Mais le plus dur métier où la faim m'ait soumis,
Je l'exerce gratis, comme votre commis!

LA RIVARDELLE, riant, en se donnant de grands airs.
Il m'amuse beaucoup! Allons! je te pardonne!

LORICOT, ironiquement.
Trop bon!...

(Avec instances.)
Vous qui savez tout le mal qu'on se donne,
Pour vivre seulement... quand on est malheureux,
(S'approchant d'un air amical.)
Ne pourriez-vous pas être un peu plus généreux?

LA RIVARDELLE.
Il faut patienter! Attends... je suis en veine!
Nous réglerons bientôt...

LORICOT.
　　　　　　Que diable! est-ce la peine
D'attendre, pour solder cent francs qui me sont
　　　　　　　　　　　　　　　　　　　[dus,
Que vous ayez encor gagné cent mille écus?...

LA RIVARDELLE, impatienté.
Que de raisons!...
(Il s'assied vers la table, où sont les sacs.)

LORICOT.
　　　　Raisons... qui ne sont pas trop sottes!
S'il vous faut un château; moi, j'ai besoin de
　　　　　　　　　　　　　　　　　　　[bottes!
LA RIVARDELLE, avançant sa chaise de manière à
tourner le dos à Loricot, et défaisant les ficelles de
ses sacs.
Assez donc! dès qu'on a quelque somme à comp-
Voilà les quolibets qu'il vous faut écouter. [ter,

LORICOT, à part, avec une fureur concentrée.
Pardieu!... j'ai très bien fait de me payer moi-
　　　　　　　　　　　　　　　　　　　[même
Sur leur vol d'aujourd'hui, sans ma misère ex-
　　　　　　　　　　　　　　　　　　　[trême,
Pouvais-je à ce point-là manquer à mon devoir?
Jamais!... Ah! Gaudriot...

### SCÈNE VI.
LES MÊMES, GAUDRIOT.

GAUDRIOT.
　　　　　Pardon! il faut avoir
Quelques égards forcés pour les gens qu'on invite,
Mais je suis tout à vous; finissons au plus vite;
Vingt mille en pot-de-vin... Y sont-ils?

LA RIVARDELLE.
　　　　　　　　Je le crois!
Vérifions les sacs! comptons-en chacun trois.
(Il pousse trois sacs à Gaudriot et tire à lui les trois
autres.)

GAUDRIOT.
Soit!
LA RIVARDELLE, lui donnant moitié des billets.
Des billets déjà vous avez votre compte;
(Gaudriot répond affirmativement par signe.)
Aux sacs donc!

LORICOT, tremblant.
　　　　　La sueur au visage me monte!
(Il s'essuie le front.)
DE PYANGE, à part, derrière son rideau, se mon-
trant à demi.
Pardion! j'aurais voulu d'abord être bien loin!

Mais je suis, de ceci, charmé d'être témoin.
(Pendant la réflexion de de Pyange, Gaudriot et La
Rivardelle prennent des chaises et s'asseoient des
deux côtés de la table.)

GAUDRIOT, gaîment, mettant la main sur un sac et
se disposant à l'ouvrir.
Allons, puisqu'il le faut, comptons de la monnaie,
C'est en billets de banque aujourd'hui que l'on
　　　　　　　　　　　　　　　　　　　[paie,
C'est beaucoup plus commode et plus tôt fait.

LA RIVARDELLE.
　　　　　　　　Oui dà!
Vous avez bien raison; mais,... c'est ce butor-là!
(Montrant Loricot.)
Qui touchant cette somme, a pris du numéraire,
Je ne sais pas pourquoi?

LORICOT, d'un air très embarrassé.
　　　　　Monsieur... j'ai cru bien faire.
Dans votre tilbury j'ai mis avec grand soin
Six sacs de mille francs... on peut avoir besoin
D'écus pour le détail... la petite dépense,
Frais de bureaux,... commis!... voilà ce que je

LA RIVARDELLE. [pense!
De quoi te mêles-tu? C'est lui, vous le voyez...
Il est absurde.

GAUDRIOT, observant l'embarras de Loricot.
　　　　　Eh! eh! pas tant que vous croyez!
Sur cet argent comptant, je crois qu'il se ménage
Le droit de réclamer ce qu'on lui doit de gage!
Tout juste!... Aussi, j'avais... d'avance préparé
Ma quittance...
(Il la tire de son sein et la présente d'une main trem-
blante à La Rivardelle.)
Voici!

LA RIVARDELLE, la repoussant.
　　　　　Non!... quand je vous parlai!

LORICOT, plus ému.
D'attendre plus long-temps, comme il m'est impos-
Que je prends mon congé!... [sible!

GAUDRIOT.
　　　　　Son embarras visible
M'éclaire tout à fait.
(A Loricot.)
Gaillard, tu t'es payé.

LORICOT, d'un ton suppliant.
Oui, monsieur!...

LA RIVARDELLE, surpris.
　　　　　Quoi! comment?

GAUDRIOT.
　　　　　Je l'aurais parié.

LA RIVARDELLE, affectant une grande colère.
Il aurait mis la main sur de l'argent qu'il porte!

LORICOT, épouvanté.
Non, monsieur... comprenez...

LA RIVARDELLE.
　　　　　Je comprends qu'il m'importe
De vous faire punir!

ACTE II, SCÈNE VII.                    19

LORICOT.
Monsieur !
LA RIVARDELLE.
Un guet-apens,
Abus de confiance !
LORICOT, plus alarmé.
On me devait cent francs,
Monsieur ! (Pleurant.)
Ma femme a faim !...
(Pleurant plus fort.)
Je suis un honnête homme,
J'ai demandé vingt fois qu'on me payât ma somme,
On me laissait souffrir !... J'ai peut-être mal fait !
(Sanglotant.)
Mais enfin ce n'est pas...
LA RIVARDELLE, criant.
C'est un crime, un forfait !
LORICOT, les mains jointes.
Monsieur !
LA RIVARDELLE.
N'ajoutez pas une seule parole.
(A Gaudriot.)
Qu'en dites-vous ? Faut-il faire arrêter ce drôle ?
GAUDRIOT, riant d'un gros rire dédaigneux.
Pour cent francs !
(Plus bas.)
Qu'on lui doit ! mon cher, y pensez-vous !...
LA RIVARDELLE.
Il eût pu prendre un sac... plusieurs sacs !
GAUDRIOT, avec un rire impudent, tout bas.
Comme nous !
LA RIVARDELLE.
Ne riez pas ! j'y mets d'ailleurs quelque importance.
J'ai des dépôts d'argent ! Or, cette circonstance
M'excuse entièrement vers ceux à qui je dois.
S'il me manquait des fonds... comme je le prévois !
LORICOT, hors de lui à ces paroles, et s'agitant en
                        désespéré.                [honte
Ah ! mon Dieu ! le brigand ! c'est qu'il n'aura pas
De mettre tous les vols qu'il a faits, sur mon compte.
(Haut, avec supplication.)
Vous savez bien qu'à vous je ne puis rien avoir ;
Ayez pitié de moi, voyez mon désespoir !...
(Pleurant.)
Je suis si malheureux... souffrez que je m'en aille.
LA RIVARDELLE.
Il faut, quand on le peut, corriger la canaille !
DE PYANGE, avec une colère concentrée.
En commençant par toi... ma foi, je le pourrais !
LORICOT, hors de lui.
Si j'avais un couteau, je me poignarderais !...
DE PYANGE, prêt à se montrer.
Pauvre diable !
LA RIVARDELLE.
Sonnez, qu'on vienne et qu'on l'arrête !
LORICOT, tombant à genoux, se couvrant le visage
                    de ses mains, et criant.
Pardon !

LA RIVARDELLE.
Non !
DE PYANGE, détournant le rideau.
Excusez ma présence indiscrète.
(Il croise les bras sur sa poitrine.)
GAUDRIOT, LA RIVARDELLE et LORICOT, poussant ensemble un cri de surprise.
Ah !...Hein !...Ouf !...
GAUDRIOT, effrayé.
Vous écoutiez donc, monsieur ?
DE PYANGE, avec une ironie dédaigneuse.
Tous vos discours !
LA RIVARDELLE, à part.
Diable ! ceci va mal.
DE PYANGE, à Loricot.
Je viens à ton secours.
LORICOT, les mains jointes, pouvant à peine parler.
Eh ! vous êtes, monsieur, pour moi la Providence !
Et tant que je vivrai...
DE PYANGE, avec protection, et comme préoccupé des deux autres personnages qu'il ne quitte pas des yeux.
Va-t'en.
LA RIVARDELLE, à part.
De l'impudence,
Et je m'en tire...
(A Loricot.)
Oui, sors, j'y consens de bon cœur.
(Loricot s'élance par la porte ouverte, et s'enfuit.)
LA RIVARDELLE, continuant, à de Pyange.
Bah ! nous n'avions dessein que de lui faire peur.
GAUDRIOT.
C'est tout !
DE PYANGE, d'un ton impérieux.
Laissons cela ! vous allez me remettre
Le blanc-seing d'Adrien.
(A ces mots, La Rivardelle s'apercevant de l'intention de de Pyange, s'esquive vivement sur les pas de Loricot.)

ooooooooooooooooooooooooooooooooooooooooooooooooo

SCÈNE VII.

GAUDRIOT, DE PYANGE.

GAUDRIOT.
Moi ?
DE PYANGE.
Vous !
GAUDRIOT.
Veuillez permettre...
DE PYANGE, de même, avec autorité.
Je ne permets pas : non. Le blanc-seing à l'instant,
Où je vous perds, monsieur ! Dépêchons-nous.
GAUDRIOT.
Pourtant,
Ma raison...
DE PYANGE.
Ne vaut rien !

GAUDRIOT.
Pardon, elle est très forte.
DE PYANGE, avec colère et impatience.
Non.
GAUDRIOT.
C'est La Rivardelle à l'instant qui l'emporte !
DE PYANGE, avec un cri de fureur.
Ah !... mais n'espérez pas porter ceci plus loin...
Je veux...
GAUDRIOT, qui s'est remis.
Ah ! vous voulez... vous êtes seul témoin !...
DE PYANGE, indigné.
Hein ?...
GAUDRIOT.
Je vois de sang-froid les suites de l'affaire,
Et n'ai pas grande peur du bruit qu'on en peut faire.
DE PYANGE, de même.
Quoi !... vous !...
GAUDRIOT.
Et puis, monsieur qui parlez de ce ton,
Que faisiez-vous ici ? comment vous y voit-on ?
Il faut justifier au moins votre présence.
Cet asile est secret... A présent que j'y pense...
Oui, ma femme était là. Lorsque je suis entré,
C'est là qu'en me voyant monsieur s'est retiré.
DE PYANGE, à part.
Grand Dieu ! je suis pris !
(Haut.)
Bon, quelle plaisanterie !
GAUDRIOT, furieux, mais se modérant.
Je ne ris pas, monsieur... De moi s'il faut qu'on rie,
Cela peut coûter... Dans mon rang, par bonheur,
L'honneur que l'on insulte...
DE PYANGE, poussé à bout.
Eh ! monsieur, votre honneur !...
GAUDRIOT. [resté !
C'est bon, c'est bon ! A faire on sait ce qu'il nous
DE PYANGE.
Un duel ?
GAUDRIOT.
Un procès ! où je vous fais manger
Votre dernier écu !
DE PYANGE, riant.
C'est un plus grand danger !
(Voyant arriver M<sup>me</sup> Gaudriot.)
Bon ! la femme à présent !

## SCÈNE VIII.

LES MÊMES, M<sup>me</sup> GAUDRIOT. Elle s'arrête, surprise, et semble contrariée de voir de Pyange découvert.

M<sup>me</sup> GAUDRIOT, à elle-même.
Trop tard ici j'arrive ;
De Pyange s'est montré... la scène sera vive !...
Je ne puis maintenant l'éviter, par malheur.
Comment faire ?... Ah ! mon Dieu, je suis morte de
[peur !
(Elle détourne ses yeux de Gaudriot, qui la regarde d'un air furieux ; elle s'avance avec une tranquillité affectée à la gauche de Gaudriot.)

GAUDRIOT, à part.
Ma femme ! à son aspect là rage me transporte !
Je vais... me modérer... en attendant qu'il sorte,
Et puis...
M<sup>me</sup> GAUDRIOT, bas, à son mari qui la regarde en silence, mais toujours en colère.
Me direz-vous pourquoi cet air fâché ?
GAUDRIOT, lui saisissant le bras droit de la main gauche et le secouant avec force.
Me direz-vous pourquoi monsieur s'était caché ?
M<sup>me</sup> GAUDRIOT, feignant la surprise.
Caché !...
GAUDRIOT, à mi-voix, lui tordant le bras.
Parlerez-vous ?...
M<sup>me</sup> GAUDRIOT, dégageant vivement sa main.
Soyez donc plus honnête !
Oui, je vais vous le dire.
DE PYANGE, à part.
Elle perd donc la tête !
M<sup>me</sup> GAUDRIOT, à part, très agitée.
Ce moyen, c'est le seul !
(Bas, à son mari.)
De vos soupçons jaloux
Je vous ferai rougir !
GAUDRIOT.
Faites, dépêchez-vous !
(Avec fureur.)
Que cherchiez-vous ici ? quelle audace est la vôtre ?
M<sup>me</sup> GAUDRIOT, à part.
Jetons pour me sauver les soupçons sur une autre.
(A son mari, d'un ton suppliant :)
Un seul mot !
DE PYANGE, à part, voyant l'air farouche du mari.
Pauvre femme !
M<sup>me</sup> GAUDRIOT, du même ton suppliant.
Un seul ! vous sentez bien
(Très bas, à l'oreille de Gaudriot.)
Qu'un honnête homme cache un galant entretien.
Car c'en était bien un ; et vous allez apprendre
Si c'était avec moi !
(Prenant un air d'innocence, et comme si elle répondait à une question de son mari.)
Mon Dieu, je viens reprendre
Une écharpe...
(Allant vers de Pyange.)
laissée entre vos mains, dit-on.
On en aura besoin pour sortir du salon.
DE PYANGE, de bonne foi.
Une écharpe, c'est juste. Elle m'est donc requise ?
M<sup>me</sup> GAUDRIOT.
Oui, monsieur.
DE PYANGE, la tirant de sa poche.
La voilà.
GAUDRIOT, à part, coudoyé par sa femme.
Celle de la marquise !
M<sup>me</sup> GAUDRIOT.
La dame attend !

DE PYANGE.
Pardon, près d'elle excusez-moi.
M<sup>me</sup> GAUDRIOT.
Je m'en charge.
(Bas, à son mari, en le coudoyant.)
Eh bien ?
GAUDRIOT, bas, radouci.
Plus de soupçon sur toi.
M<sup>me</sup> GAUDRIOT, bas, à son mari.
Point de scandale au moins !
(Gaudriot répond par signe qu'il se taira.)
DE PYANGE, d'assez loin, à part.
Que diable lui dit-elle ?
M<sup>me</sup> GAUDRIOT, coudoyant son mari.
Avez-vous tort ?
GAUDRIOT.
Grand tort !
M<sup>me</sup> GAUDRIOT, feignant de pleurer.
Quelle injure mortelle !
GAUDRIOT.
Je te dis que j'ai tort... mais ma prévention...
Était grande.
(Il lui fait des caresses et veut lui prendre les mains.)
DE PYANGE, qui observe sans entendre.
Il paraît que l'explication
Tourne bien. Soit ! tant mieux !
GAUDRIOT.
La paix rentre en mon âme
Aussi !...
(Il tend la main à sa femme, et presqu'en même temps
il fait un soubresaut, comme frappé d'une idée su-
bite.)
Dieu ! quel soupçon !
M<sup>me</sup> GAUDRIOT, tremblante.
Eh quoi ?
GAUDRIOT, bas.
La belle dame
Était donc aussi là ?
M<sup>me</sup> GAUDRIOT.
Sans doute !
GAUDRIOT.
Ah ! malheureux !...
(A part.)
Je n'avais qu'un témoin contre moi, j'en ai deux !
(A lui-même.)
Elle a dû tout entendre avant de disparaître,
Il l'aura fait sortir par la porte-fenêtre,
Avant de se montrer.
M<sup>me</sup> GAUDRIOT.
Mon ami, qu'est-ce encor ?
GAUDRIOT, trépignant.
Rien !
M<sup>me</sup> GAUDRIOT.
Pourtant !
GAUDRIOT.
Laissez-moi !
(A lui-même.)
Perdre une affaire d'or !

Il le faut ! il me tient !
(Haut à de Pyange, d'un air humilié.)
Je vous faisais injure !
Je sais la vérité, monsieur, je vous conjure
D'excuser mon erreur, j'en suis fort repentant.
DE PYANGE, étonné du calme de Gaudriot, dont il
ne comprend pas la cause.
Monsieur, je suis charmé que vous soyez content !...
Revenons, s'il vous plaît...
GAUDRIOT, avec un soupir.
Les pouvoirs du jeune homme ?...
Soit !
(Il soupire encore.)
Si l'on vous les rend... qu'il perde au moins
[la somme
(A mi-voix.)
Que nous nous appliquions entre nous, ce matin,
La Rivardelle et moi, comme franc pot-de-vin...
DE PYANGE.
Soit !
GAUDRIOT.
Et l'on gardera discrétion parfaite,
Chacun pour sa part !
DE PYANGE.
Soit !
GAUDRIOT.
C'est une affaire faite !
DE PYANGE.
Pour mon compte, d'abord, je n'ai rien à cacher !
GAUDRIOT.
Moi, je n'ai pour le mien rien à vous reprocher !
(Souriant.)
Le bel usage, autant que l'honneur, vous conseille
De me répondre ainsi !
(De Pyange paraît de plus en plus étonné.)
M<sup>me</sup> GAUDRIOT, craignant de voir arriver l'explica-
tion, prend le milieu.
Messieurs, c'est à merveille !
J'aperçois le marquis...
(Bas, à son mari.)
Vous feriez sagement
De l'emmener ailleurs... Je prendrais ce moment
Pour rejoindre la dame et rentrer avec elle
Au salon !
GAUDRIOT, avec gaîté, d'un ton caressant, à sa
femme.
Je comprends... aussi bonne que belle !
Oui, ce pauvre marquis, je veux bien lui sauver
Les angoisses d'esprit que je viens d'éprouver...
J'y cours !...
(Il sort.)

oooooooooooooooooooooooooooooooooooooooo

SCÈNE IX.
DE PYANGE, M<sup>me</sup> GAUDRIOT.

M<sup>me</sup> GAUDRIOT, gaîment.
M'en voilà quitte !

DE PYANGE.
                Au moins vous m'allez dire
Par quel...
    M^me GAUDRIOT, l'interrompant, en riant.
        Ah! de quel pas cette écharpe me tire...
Ma rivale me sauve !
        (Mouvement de surprise de de Pyange; elle déploie
            l'écharpe en riant.)
                    Un tissu bien léger,
Contre un terrible orage, il m'a su protéger...
            DE PYANGE.
Qu'entends-je? A Gaudriot vous avez donc fait
            M^me GAUDRIOT.          [croire...
Que c'était elle !
            (Riant.)
            Après ? L'action est bien noire !...
N'est-ce pas?
        DE PYANGE.
        Oui, madame, et c'est un très grand tort !
            M^me GAUDRIOT.
A vos yeux ! Soit ! monsieur... Fâchez-vous donc
                                        [bien fort ;
Mais par ce que j'ai dit elle est peu compromise !
Moi, je l'étais beaucoup, ma ruse était permise...
Laissons cela ! Soyez ou non reconnaissant,
J'ai sauvé votre ami de son danger pressant.
        DE PYANGE, radouci.
Quoi ! vous avez daigné ?...
        M^me GAUDRIOT.
                J'en étais convenue...
Vous aviez ma parole, et je l'ai bien tenue...
        DE PYANGE.
Quoi !
        M^me GAUDRIOT.
    Brégy, que je quitte, et presqu'en ce moment,
Achète d'Adrien ses biens directement.
Vous voyez que son sort n'a plus d'incertitude...
        DE PYANGE.
Ah ! combien mon ami vous doit de gratitude !
        M^me GAUDRIOT, minaudant.
Je n'ai rien fait pour lui !
            (A mi-voix.)
                Vous le savez trop bien...
        DE PYANGE.
Madame !... Ah ! quel bonheur !
        M^me GAUDRIOT, très émue.
                Cessons cet entretien !
        DE PYANGE.
Je ne puis contenir le transport qui m'enflamme !
        (A part.)
Je dois le feindre au moins !
            (Haut.)
            Oui, c'est du fond de l'âme,
Que je vous aime !...
        M^me GAUDRIOT, tendrement.
                Non ! non, je ne le veux pas !
Votre seule amitié... doit me suffire... Hélas !
D'ailleurs, comment pourrais-je accepter davan-
Suis-je libre ?...                          [tage ?

DE PYANGE.
    Hélas !
M^me GAUDRIOT, voyant venir Adrien.
    Paix !
    (Ils se séparent vivement.)

SCÈNE X.
LES MÊMES, ADRIEN.

        ADRIEN.
                Ah ! cher ami, partage
Le bonheur imprévu qui vient de m'arriver !
Apprends...
        DE PYANGE.
    Toi-même, apprends qui vient de te sauver ;
Cet acquéreur qui paie au comptant ton domaine,
Qui par un réméré dans tes mains le ramène,
Ce marché qui te rend, sans que nul soit lésé,
L'amitié de ton oncle, assez mal disposé,
Ton mariage enfin... tous les vœux de ton âme
Comblés.
        ADRIEN.
    Achève donc !...
        DE PYANGE.
        Tu dois tout à madame...
        ADRIEN.
A madame ? Ah !... comment payer un tel bienfait ?
        M^me GAUDRIOT.
Oh ! vous ne devez rien qu'à cet ami parfait...
Qui m'a parlé pour vous... Or, monsieur, je vous
                                        [classe
Aussi parmi les miens..., et sachant qu'une place
Dont dispose Brégy vous convenait... j'ai dit :
Pour ce jeune homme aimable usons de mon
                                        [crédit.
Je l'ai fait ; j'ai l'emploi pour vous, et le beau-
Est enchanté. Voilà...                  [père
            (A de Pyange.)
            C'est assez bien, j'espère !
        ADRIEN.
Ah ! madame ! mon cœur ne peut vous exprimer...
        M^me GAUDRIOT, avec une sorte de coquetterie.
Voilà comment je sers ceux qu'il me plaît d'aimer !
        ADRIEN.
Je suis à vos pieds...
        M^me GAUDRIOT.
            Non, dans ses bras, au contraire !
        ADRIEN.
Oui, dans ses bras... Mon frère !...
        DE PYANGE, à part.
            Assez ! Paix !...
        ADRIEN.
                Mon cher frère !...
        DE PYANGE, à part.
Tais-toi donc !
        M^me GAUDRIOT.
        Que dit-il ? Votre frère ? Comment ?

## ACTE II, SCÈNE XII.

ADRIEN.
Oui.
DE PYANGE, bas.
Ne dis pas cela.
(A Mme Gaudriot.)
La tête, assurément,
Lui tourne... C'est la joie...
Mme GAUDRIOT, à Adrien.
Après donc, je vous prie...
Mon frère, avez-vous dit ?...
ADRIEN.
C'est que je le marie
A ma sœur...
DE PYANGE, bas, à part.
Maladroit !
Mme GAUDRIOT.
A votre sœur !... fort bien !...
Et bientôt ?...
ADRIEN.
Dans un mois. Par cet heureux lien,
Je m'acquitte et remplis tous les vœux de son âme.
Mme GAUDRIOT.
Il est fort épris d'elle ?...
ADRIEN.
Oh ! dès long-temps, madame !
Mme GAUDRIOT.
Ah ! que vous me charmez ! Adieu, je vois là-bas
Le marquis de Brégy... Ne suivez point mes pas ;
Il faut le dernier coup aux choses commencées...
Je vous laisse, messieurs, à vos douces pensées.
ADRIEN.
Au revoir, chère dame ! A bientôt ! J'ai l'honneur...
DE PYANGE.
Ouf !...

## SCÈNE XI.
ADRIEN, DE PYANGE.

ADRIEN.
Comme elle nous sert !—hein ! quel excellent
DE PYANGE.                                    [cœur !
Reçois mon compliment !
ADRIEN.
Tu parais en colère...
DE PYANGE.
Oui, de te voir perdu !...
ADRIEN.
Perdu ?...
DE PYANGE.
La chose est claire !
ADRIEN.
Quoi ! lorsqu'à me servir chacun se montre prêt ?...
DE PYANGE, haussant les épaules.
Mon Dieu ! chacun nous sert selon son intérêt...
S'il change !.. adieu ! bonsoir !...
ADRIEN.
Nulle chance pareille
N'est à craindre pour moi !

DE PYANGE.
Fort bien donc, à merveille !
ADRIEN, riant.
Mais tu veux plaisanter ! Quoi ! depuis un moment
Mon sort serait changé !... Je ne sais pas comment.
DE PYANGE, d'un ton chagrin et contrarié.
C'est bon ! n'en parlons plus ! Enfin, quoi qu'il
                                         [advienne,
Je sauverai tes biens... Ma fortune est la tienne...
Puisque je suis ton frère, ainsi que ton ami.
(Avec importance.)
Non ! non ! je ne dois point te servir à demi.
(A part.)
La sœur a pour le moins huit mille écus de rente !
Je puis donc.../
(Haut, toujours avec jactance.)
La fortune est chose indifférente,
Quand l'amitié commande ; ainsi, compte toujours
Sur moi... Mais, par malheur... il faudra quel-
                                         [ques jours
Pour assembler des fonds, s'il faut que l'on t'en fasse.
ADRIEN, effrayé.
Mais, pour Dieu ! quel danger selon toi me menace ?
DE PYANGE, impatiemment.
Eh bien !...
(Il tourne la tête, et, voyant Julie et sa mère, il dit :)
Mais puisqu'on vient nous trouver jusqu'ici,
Mon malheureux soupçon n'est que trop éclairci.

## SCÈNE XII.
LES MÊMES, Mme D'IRCEY, JULIE.

Mme D'IRCEY, à part, à sa fille. [dre...
Allons, ma chère enfant.... tâche de te contrain-
Sèche tes yeux !
JULIE.
Oh ! oui !
(Avec abandon.)
Dieu ! que je suis à plaindre !
ADRIEN.
Julie en pleurs ! O ciel !
Mme D'IRCEY.
Vous ne l'épousez plus.
ADRIEN.
Comment ?
Mme D'IRCEY.
Ces beaux projets avec Brégy conclus...
ADRIEN.
Madame Gaudriot m'en donnait la nouvelle
A l'instant !
Mme D'IRCEY.
A l'instant ils sont détruits par elle !
ADRIEN, d'un air incrédule.
Bon !... contre moi, peut-être elle n'a pas agi ?
JULIE.
Si fait... elle disait : « Tenez mon cher Brégy,
Je vous conseillais mal... je le dis sans mystère,

De ce jeune Adrien ne prenez pas la terre,
J'ai des renseignemens certains et tout nouveaux :
Tous les prés sont noyés... les bois ne sont pas
[beaux ;
Les terrains sont ingrats... la maison délabrée...
Le plus vilain château de toute la contrée... »

ADRIEN.
Se peut-il?...

JULIE.
Attendez ! « Cet agréable emploi
Que vous lui promettiez par amitié pour moi,
C'est fâcheux, mais d'après l'état de ses finances...
— J'entends, il n'offre plus aucune convenance, »
A répondu Brégy... Mon père, en l'entendant,
Est sorti... Du départ il s'occupe en grondant...
(Avec douleur.)
Il faut nous oublier !...
(Elle porte son mouchoir à ses yeux.)

ADRIEN, ému.
Pour moi, c'est impossible !

M<sup>me</sup> D'IRCEY, prenant sa fille dans ses bras.
Mon enfant, cache au moins ta douleur trop sen-
JULIE, pleurant. [sible.
Vous me demandez plus qu'il n'est en mon pou-
[voir !...
J'avais le droit d'aimer... du moins j'ai cru l'avoir,
Si mon sort tient toujours à quelque argent qui
[manque,
Mon cœur ne change pas comme un cours de la
[Banque.

M<sup>me</sup> D'IRCEY, à demi-voix.
Ma fille ! l'on commande à son émotion !
JULIE, sans se calmer et vivement.
Quand on peut !

M<sup>me</sup> D'IRCEY.
Viens !

ADRIEN.
Qu'au moins pour consolation
J'entende ses regrets qui me pénétrent l'âme !
Dans quel état cruel vous me quittez, madame !
JULIE, à de Pyange, en suivant sa mère qui lui tend
la main pour l'emmener. [promis...
Monsieur de Pyange, hélas !... vous m'aviez tant
Adrien vous prenait parmi tous ses amis
Pour son frère...

DE PYANGE.
Oui... je sais, hélas ! mademoiselle...
On a perdu du temps... J'ai toujours même zèle...

JULIE, avec force.
J'y compte... Prouvez-le...

DE PYANGE.
Sans doute, si je puis.

M<sup>me</sup> D'IRCEY.
Venez donc !

JULIE.
Adrien !... Oui, maman, je vous suis...

SCÈNE XIII.

LES MÊMES, UN DOMESTIQUE.

LE DOMESTIQUE, entrant une lettre à la main,
cherchant des yeux.
Monsieur de Pyange?... Ah ! bon !
(Il le voit et lui présente la lettre.)
Pour vous !... D'un pauvre diable,
Qui dit pouvoir vous rendre un service impayable,
Pour votre ami surtout... un monsieur Adrien.

JULIE, revenant.
De quelle part?... Voyez...

DE PYANGE, qui vient d'ouvrir la lettre.
De la part d'un vaurien ;
(Avec mépris.)
D'un malheureux valet que ma pitié surprise...
A sauvé du cachot où sa mesure est prise !...
Ce n'est certes pas là le secours qu'il nous faut ;
(A Adrien qui semble curieux.)
Mais cela te regarde, ainsi je le lis tout haut :
(Il lit.)
« J'ai pour vous une profonde reconnaissance,
» je puis vous le témoigner en servant M. Adrien
» Lafresnaye contre ce coquin de La Rivardelle...
» Prêtez-moi cent écus, sans quoi je ne puis rien...
» Je suis avec respect votre ancien valet de
» chambre.
» LORICOT. »
(A Adrien en froissant la lettre.)
Tu vois?...

ADRIEN.
Pour cent écus !... Ma foi, je les hasarde,
Si tu veux les prêter ?

DE PYANGE.
Un fripon... Je n'ai garde !
Cent écus qu'il entend nous voler, sur ma foi !
Cependant... si tu veux... ma bourse est toute à toi.

ADRIEN, déconcerté.
Je me tais...

LE DOMESTIQUE, à de Pyange.
Il attend... car il n'ose paraître,
Au pied du pavillon... près de cette fenêtre...
(Il indique celle du premier plan, à gauche.)
Quelle réponse faire?

DE PYANGE.
Aucune, assurément.
Chassez-le... Que de temps on perd ! Viens
[promptement !
JULIE, à demi-voix, pendant que de Pyange va
prendre Adrien.
Ah ! si j'avais l'argent que cet homme demande !...
Mais... je puis... et pourvu qu'un instant il at-
[tende...
(Elle a l'air de chercher comment elle s'y prendra.)
DE PYANGE, offrant la main à M<sup>me</sup> d'Ircey.
Madame...
(Ils marchent ensemble vers la porte de droite au
fond.)

## ACTE III, SCÈNE II.

M<sup>me</sup> D'IRCEY, à sa fille qui ne la suit pas.
Eh bien! Julie?
JULIE, avec hésitation.
Oui, maman.
(S'arrêtant.)
Ah! mon Dieu!
Pardonnez!... je laissais... mon ombrelle en ce lieu!
M<sup>me</sup> D'IRCEY.
Oh! folle!...
(Ils sortent tous, excepté Julie, qui redescend rapidement vers la table, où elle a laissé son ombrelle à dessein.)

### SCÈNE XIV.
JULIE, seule.

Il sauverait mon Adrien!... cet homme...
(Haussant les épaules.)
Et l'on n'ose risquer une si faible somme!
Mes bracelets!... ma montre!
(Elle touche son collier.)
On vendrait mieux ceci!

(Elle le détache en courant à l'embrasure de la croisée, qu'elle ouvre.)
Monsieur!
(Avec regret.)
Il n'est plus là!
(Elle regarde encore.)
Mon Dieu non!
UNE VOIX, au dehors.
Mon Dieu si!
JULIE, tendant son collier par la fenêtre, d'une voix émue. [guère;
Tenez!.. prenez!... vendez!... en vous je ne crois
Mais le cœur souffre moins, quelque peu qu'on [espère!
(Elle repousse la croisée.)
Quand on se sent périr, à tout on a recours!
M<sup>me</sup> D'IRCEY, de loin.
Julie, arrivez donc!
JULIE.
Je cours, maman, je cours!

❁❁❁❁❁❁❁❁❁❁❁❁❁❁❁❁❁❁❁❁❁❁❁❁❁❁❁❁❁❁❁❁

## ACTE TROISIÈME.

Le même petit salon du premier acte, chez la marquise d'Ircey. — A gauche, une cheminée avec une glace. — Du même côté, une porte au dernier plan, donnant chez le marquis. — Une porte au fond, c'est l'entrée. — A droite, au dernier plan, porte double donnant dans un salon dont on aperçoit la disposition lorsque cette porte est ouverte. — Au premier plan, du même côté droit, l'appartement des dames.

### SCÈNE I.
JULIE, seule, se regardant à une glace.

Ma figure est vraiment toute décomposée!...
Pas même à chaque joue une teinte rosée!
Mes traits sont altérés!... comme c'est ennuyeux!
Voyez dans quel état je me suis mis les yeux,
A force de pleurer!... Va, va, pauvre Julie!'
Nul ne dira ce soir: Ah! Dieu, qu'elle est jolie!
(Pleurant.) [bien!
Après tout, que m'importe!... ah! je m'en moque
Je voulais être belle aux seuls yeux d'Adrien...
Aimable et cher ami!... j'en étais adorée!...
Hélas!... c'est aujourd'hui la dernière soirée...
Où nous pourrons nous voir!... Il le sait comme [moi...
Pourquoi donc tarde-t-il? pourquoi? mon Dieu, [pourquoi?
Peut-il déjà?... Non... non... ce serait ridicule,
Sept heures seulement sonnent à la pendule!
C'est deux heures trop tôt!... oui... c'est inconve- [nant,
Je l'en aurais blâmé... mais en lui pardonnant!!
(Avec un soupir et en regardant du côté du salon à droite.)
Ah!... le voilà!... tant mieux...
(Elle fait une révérence comme si elle répondait au salut d'Adrien qu'on ne voit pas encore.)

Mais il faut, ce me semble,
Le gronder... Quel bonheur! nous allons être en- [semble
Jusqu'à ce que l'on vienne... et c'est tard qu'on [viendra.
(A Adrien qui paraît timidement sur le seuil de la porte du salon de droite, sans oser entrer.)
Comme c'est indiscret! qu'est-ce que l'on dira?

### SCÈNE II.
JULIE, ADRIEN.

ADRIEN. [craindre?
Ce qu'on dira, Julie?... Eh! qu'avons-nous à
Hier, je fus invité... qui donc peut me contrain-
A ne pas profiter des seuls momens heureux [dre
Qui doivent précéder mon exil douloureux?...
JULIE.
Certes, ce n'est pas moi!
ADRIEN.
Ma trop prompte présence
Vous fâche cependant!
JULIE.
Votre plus longue absence
M'eût fâchée encor plus!... et bien que mon de-
M'interdit ce désir... [voir

(Souriant.)
J'espérais bien vous voir...
ADRIEN.
Ah! vous adoucissez ma peine!... elle est si vive!
JULIE.
Vous ne souffrez pas seul... je suis sur le qui-vive.
Rentrez au salon !
ADRIEN.
Soit... vous m'y rejoignez?
JULIE.
Oui.
ADRIEN.
Bientôt ?
JULIE.
Bientôt !
ADRIEN, suppliant.
J'attends !... je n'ai plus qu'aujourd'hui !
(Il rentre au salon.)

## SCÈNE III.
JULIE, seule.

Je ne le sais que trop !... j'ai bien fait de lui taire
Le très futile espoir d'un secours salutaire.
Dans cet original, à qui j'ai dit : Vendez
Mon collier, qui vaut plus que vous ne deman-
Ah !... s'il tirait, selon sa promesse frivole, [dez !
Mon pauvre ami des mains du fripon qui le vole!
Mais...
(Soupirant.)
Adieu mon collier !... je ne m'en repens pas,
Et je ferais encor de même en pareil cas !
Voyons... vers Adrien, sans que personne en glose,
Comment aller si tôt ?... Il faut bien que je l'ose...
Oui... c'est cela.. je vais envoyer à maman
Dire qu'au grand salon je tiens, en ce moment,
A monsieur Adrien compagnie obligée!
De tout blâme par là me voilà dégagée!...
C'est cela, sonnons vite !... Ah ! ciel !... il n'est
[plus temps,
Ma mère vient ici... c'est sa voix que j'entends!
C'est terrible !... Elle va me défendre peut-être
De rejoindre Adrien .. Il vaut mieux disparaître,
En lui faisant savoir du salon que j'y suis ;
J'élude la défense ; oui, c'est mieux !... Je m'en-
[fuis !...
(Elle court au salon à droite et en repousse la porte,
tandis que, par la porte latérale de gauche, arrive
Mme d'Ircey.)

## SCÈNE IV.
Mme D'IRCEY, seule d'abord.

Notre orfèvre-joaillier est un fort honnête homme,
Il pouvait racheter pour une faible somme
Ce très joli collier qui, bien certainement,
Est celui de Julie... Or, je saurai comment
Il est sorti d'ici...
(Elle tire le cordon de la sonnette et dit à un domes-
tique qui paraît du fond.)
Faites venir ma fille.
(Le valet se dirige vers le salon à gauche.)
Où donc la cherchez-vous ? sans doute elle s'ha-
Dans sa chambre !... [bille
LE DOMESTIQUE.
Pardon, mademoiselle est là.
Mme D'IRCEY.
Seule... au salon ?
LE DOMESTIQUE.
Quelqu'un s'est présenté déjà.
Mme D'IRCEY.
Allez me la chercher.
(Le valet va au salon.)
Car, si la chose est vraie,
C'est, je n'en puis douter, le jeune La Fresnaye.
(Seule.)
Vendre un bijou de prix... par son père donné,
C'est un tort... mais mon cœur d'avance a par-
[donné.
Le sien a tant souffert, et je sens en moi-même
Que l'on peut tout donner pour sauver ce qu'on
[aime !

## SCÈNE V.
Mme D'IRCEY, JULIE.

JULIE, accourant ; elle ouvre la porte du salon, qui
est fermée.
Tu me voulais, maman ?
Mme D'IRCEY.
Oui, je comptais sur toi
Pour me parer... Comment! plus tôt prête que moi?
Quand je n'ai pas encor commencé ma toilette,
La tienne est terminée ..
(Elle l'examine.)
Mais par trop incomplète !...
C'est trop simple, ma chère, et sans vouloir bril-
[ler...
Tes perles, à ton cou, vont si bien en collier !...
Elles te plaisaient tant !
JULIE.
Oui... je m'en suis lassée...
Ma toilette, aujourd'hui, s'en est fort bien passée!
Mme D'IRCEY.
Si tu ne t'en sers pas, prête-les-moi... je veux
En faire quelque chose au moins dans mes che-
[veux!
Maman...
Mme D'IRCEY.
Quoi ?
JULIE.
Je...
Mme D'IRCEY.
Voyons?

## ACTE III, SCÈNE VI.

JULIE.
　　　　　Il faut que je te dise...
Mais tu me gronderas?

Mme D'IRCEY.
　　　　　Non, parle avec franchise.

JULIE, avec embarras, en pressant la main de sa mère.
Je n'ai plus mon collier... Tu sais, chez Gaudriot,
Qu'on offrait de sauver Adrien?

Mme D'IRCEY.
　　　　　Oui, tantôt.

JULIE.
Et que monsieur de Pyange a traité d'illusoire
Ce secours...
　　　(Presqu'en pleurant.)
　　Eh bien! moi... j'avais besoin d'y croire !...
Alors...

Mme D'IRCEY, la prenant dans ses bras.
　　Je le savais... va... calme ta douleur,
Je pardonne ta faute... elle vient de ton cœur!
Voici ton collier !...

JULIE.
　　　　　Ah !

Mme D'IRCEY.
　　　　　Par un hasard extrême,
C'est à notre joaillier, qui l'avait fait lui-même
Et qui l'a reconnu, qu'on l'a d'abord porté,
Et pour le même prix, grâce à sa probité,
De lui je le rachète ; il doit, dans la soirée,
Revenir à l'hôtel !... Que ne suis-je assurée...
De pouvoir aussi bien accomplir un projet
Dont je m'occupe... et dont... ton bonheur est

JULIE.
　　　　　　　　　　　　[l'objet !
Oh! comme ta tendresse est belle et généreuse!
Maman! tu ne peux voir ta fille malheureuse ;
Mais, hélas! il n'est plus d'espoir !...

Mme D'IRCEY.
　　　　　Tu n'en sais rien.
J'intrigue, moi, j'intrigue en faveur d'Adrien !
Non que j'ose espérer qu'aucun choc ne renverse
Le plan dont mon amour en ta faveur se berce !
Mais, si douteux que soit le succès de mes soins,
Autant qu'en ton collier, j'y compte pour le moins!
(Elle lui donne un baiser et montre son collier de perles, qu'elle serre dans sa poche.)

JULIE.
Oh ! ne puis-je savoir ?...

Mme D'IRCEY.
　　　　　Le fait va te surprendre !

UN DOMESTIQUE, annonçant.
Monsieur de Pyange.

Mme D'IRCEY.
　　Il vient à propos pour apprendre
Ce que je t'allais dire...

---

### SCÈNE VI.
LES MÊMES, DE PYANGE.

DE PYANGE.
　　　　　Avec empressement
Je viens vous annoncer un bonheur...

Mme D'IRCEY.
　　　　　Quoi?

JULIE.
　　　　　Comment?

DE PYANGE.
J'ai même devancé l'instant de ma visite
Pour vous en apporter la nouvelle au plus vite!
Vous ne le croirez pas...

Mme D'IRCEY.
　　　　　Peut-être, mais parlez!

DE PYANGE.
Brégy, qui nous laissa tantôt si désolés,
Brégy, qui, sans égard, nous manque de parole...
Tout d'un coup se ravise, il a changé de rôle ;
Bref, il sort de chez moi, venant redemander
La terre d'Adrien, qu'il prend sans marchander;
Qu'en dites-vous?

Mme D'IRCEY.
　　　　　Je dis que sa métamorphose
Est parfaitement simple... et que j'en suis la cau-
　　　　　　　　　　　　　　　　　　　[se.

DE PYANGE.
Se peut-il ?

Mme D'IRCEY.
　　　　　Écoutez : comme vous je l'ai vu,
Et voici mon propos, pour lui fort imprévu :
« Vous voulez être élu député... — Oui, ma-
　　　　　　　　　　　　　　　　　[dame,
C'est le plus vif désir qui remplisse mon âme,
Répond-il. — Je vous puis en donner les moyens.
— Madame, se peut-il ? — Oui, monsieur, je des
　　　　　　　　　　　　　　　　　[tiens !...
— Donnez-les-moi, madame, et toute ma con-
　　　　　　　　　　　　　　　　　[duite
D'un parfait dévoûment vous garantit la suite.
— Il vous manque vingt voix pour remplir tous
　　　　　　　　　　　　　　　　　[vos vœux ;
Vous voulez les avoir... — Certes, si je les veux !
— Madame de Géralde en dispose, et n'écoute
Qu'un sien cousin, pour elle un oracle absolu.
— Et comment le gagner ? — Vous n'avez pas
　　　　　　　　　　　　　　　　　[voulu.
— Moi ! je ne connais pas ce cousin ! — C'est de
　　　　　　　　　　　　　　　　　[Pyange!
— De Pyange! ah! maladroit! quelle sottise étrange!
A-t-il dit. Dans un cas où je ne risquais rien,
Je sauvais ce jeune homme en achetant son bien !
Et j'ai désobligé de Pyange... homme honorable,
Que j'estime... et qui peut m'être si favorable !
Ajoutait-il tout bas. Ah ! grand Dieu ! qu'ai-je
Il a couru chez vous.　　　　　　　　[fait ?...»

DE PYANGE.
　　　　　Il en sort, en effet...
Quelle adresse, madame !...

Mme D'IRCEY, avec sentiment, toute la fin de cette scène.
　　　　　Oh ! non !... J'ai peu d'adresse;
Mais lorsqu'on voit souffrir... et lorsqu'on s'in-
　　　　　　　　　　　　　　　　　[téresse
Au bonheur de quelqu'un, l'adresse vient parfois ;
Dans cette occasion, j'ai du bonheur pour trois!

DE PYANGE.
Pour trois?

Mme D'IRCEY.
Pour trois!

DE PYANGE.
Comment ?

Mme D'IRCEY.
Oui, d'abord pour ma fille...
Pour Adrien !... et pour...
(Elle le regarde.)
Vous... qui dans sa famille
Allez prendre une place... en épousant sa sœur !

DE PYANGE, embarrassé.
C'est un plan...

Mme D'IRCEY.
Que j'approuve aussi de tout mon cœur !

DE PYANGE.
Un projet d'Adrien, sa bienveillance extrême...

JULIE.
Avouez donc combien il vous charme vous-même,
Monsieur de Pyange.

DE PYANGE.
Oh ! moi, je n'y pouvais songer !

Mme D'IRCEY.
Oh ! que si !... Mais passons... D'Ircey de son
[danger
Doit sauver Adrien, en dégageant sa terre,
Dût-il perdre beaucoup, a dit notre notaire.
Que dis-je ? au lieu d'y perdre, il y gagne plutôt !
C'est autant de payé d'avance sur la dot.
L'affaire, grâce au tour qu'un sage avis lui donne,
Est au moins présentable !...

DE PYANGE.
Elle est même assez bonne !
Heureux qui, sans danger, trouve l'occasion
De faire à son profit une noble action !

Mme D'IRCEY.
Ne riez pas de lui, j'ai vu sa peine amère
Lorsqu'il a vu pleurer Julie avec sa mère ;
Bien qu'à l'argent, peut-être, il mette un prix
[trop grand,
Il a le cœur parfait... C'est par là qu'on le prend !
Vous, de Pyange, toujours vous eûtes la pensée
Que tout le monde porte une âme intéressée !

DE PYANGE, riant.
Eh ! mais...

Mme D'IRCEY.
Il est pourtant des êtres généreux
Qui sauraient s'imposer des devoirs douloureux
En faveur des objets dont leur âme est remplie !
(Elle donne un baiser au front de sa fille, puis elle
continue avec sentiment et une intention marquée.)
Pour ceux que l'on chérit, soi-même l'on s'oublie !

DE PYANGE, à part.
Ceci semble annoncer un retour conjugal !...
N'allons pas laisser voir qu'il me puisse être égal !...
(Haut.)
Oh ! oui... je sais qu'il est des natures bien belles !
Anges dont l'amour pur couvre encor de ieu.
Ceux sur qui s'arrêtaient leurs regards précieux...

Mme D'IRCEY, à demi-voix à de Pyange.
Vous mettez de l'esprit... où le cœur vaudrait
Mais j'entends mon mari... [mieux !

## SCÈNE VII.
### LES MÊMES, D'IRCEY.

D'IRCEY, entrant rapidement et allant à de Pyange
avec empressement, comme charmé de le rencon-
trer ; il lui serre la main.
De Pyange !... Il se prépare
Du nouveau, savez-vous l'événement bizarre...

DE PYANGE.
Je le sais.

D'IRCEY, à Julie qu'il prend dans ses bras.
Mon enfant, j'en suis charmé pour toi !
T'a-t-on dit notre espoir ?

JULIE.
Mon père, embrassez-moi,
Et que votre indulgence à présent me pardonne
Mes plaintes qui blessaient votre raison si bonne !

D'IRCEY.
J'avais aussi mes torts. Dans mes vœux peu discrets
Je laissais trop de place à de vils intérêts ;
Pour d'autres sentimens mon âme se sent faite,
Grâce aux tendres avis d'une femme parfaite,
De ta mère, implorant les souvenirs bien doux
Du bonheur que lui doit ton père et son époux...
Je livre l'avenir aux soins de sa tendresse !

DE PYANGE, à part.
J'ai deviné !
(Haut.)
Très bien... Au salon je m'empresse
D'aller près d'Adrien, si malheureux ce soir !

Mme D'IRCEY.
Dans un moment, tous deux, vous allez nous y voir.

DE PYANGE, allant à la porte du salon.
Comme à ce pauvre ami je vais prouver mon zèle !

Mme D'IRCEY, à Julie.
Entre aussi, mon enfant !
(Julie saisit la main de sa mère comme pour la re-
mercier.)

DE PYANGE.
Venez, mademoiselle.
(Ils entrent.)

## SCÈNE VIII.
### Mme D'IRCEY, D'IRCEY.

D'IRCEY.
Au jeune homme pourquoi se hâter d'annoncer ?..
Par prudence on pouvait, je crois, s'en dispenser.

Mme D'IRCEY.
Quelle prudence ici vous semble nécessaire ?

D'IRCEY.
Gaudriot peut encore entraver notre affaire !

Tant qu'il n'a pas rendu la procuration
D'Adrien...
M<sup>me</sup> D'IRCEY.
Écoutez... Si votre intention
Est de me rendre heureuse en mariant Julie,
On perdra plus... c'est tout !...
D'IRCEY.
Raisonnons sans folie,
Et ne nous faisons pas... des peurs... sans fonde-
[ment.
J'attends de Gaudriot réponse en ce moment.
J'offre, pour ressaisir les pouvoirs du jeune homme,
De lui laisser moitié... les trois quarts de ma
[somme !
M<sup>me</sup> D'IRCEY, tendant la main à son mari.
Très bien !
D'IRCEY, prenant une lettre des mains d'un domes-
tique qui vient d'entrer.
C'est la réponse.
M<sup>me</sup> D'IRCEY.
Elle vient à propos
Pour nous mettre le cœur et l'esprit en repos !
D'IRCEY, lisant.
« Monsieur le marquis offense ma délicatesse
» (Il fait un geste de surprise.) en me jugeant ca-
» pable d'accepter la perte qu'il veut faire en ma
» faveur. (Même geste du marquis et de la mar-
» quise.) Mes principes !... mes principes me font
» un devoir ( Il lit lentement. ) de refuser ses
» soixante-quinze mille francs... J'aime mieux en
» gagner deux cents !... en vendant seul la terre
» du jeune homme .... L'échéance de ses dettes
» m'autorise pleinement au choix d'un acqué-
» reur... et ce n'est plus M. de Brégy... J'ai l'hon-
» neur... »
Ah ! l'indigne coquin !.... l'ai-je pu méconnaître !...
Grâce au pouvoir qu'il tient, oui, de vendre il
[est maître...
Tous les biens d'Adrien ont passé, dans ce cas,
A quelque prête-nom, sans doute à prix très bas,
Pour s'appliquer le tout... Voilà donc la fortune
De ce garçon perdue et sans ressource aucune !
Adieu tous nos projets !...
M<sup>me</sup> D'IRCEY.
Quoi ! vous l'abandonnez ?
D'IRCEY.
Eh ! mon Dieu !... c'est affreux... mais...
M<sup>me</sup> D'IRCEY.
Mais vous m'étonnez !...
A l'instant vous disiez : « Pour sauver ce jeune
[homme,
» Je perdrais volontiers la moitié de ma somme. »
D'IRCEY.
C'est vrai, mais...
M<sup>me</sup> D'IRCEY.
Point de mais... Et s'il l'avait fallu,
A la perdre en entier vous étiez résolu !
D'IRCEY.
Moi, je n'ai pas moyen...

M<sup>me</sup> D'IRCEY.
Moi, j'ai votre parole ;
Tenez-la !...
D'IRCEY.
Pensez donc...
M<sup>me</sup> D'IRCEY.
Des griffes de ce drôle
Arrachez votre gendre !
D'IRCEY.
Au diable ! il n'est plus temps !
Gaudriot a su mettre à profit les instans ;
Il tient la terre, il sait tout ce qu'il peut la vendre,
Il ne la rendra pas !...
M<sup>me</sup> D'IRCEY.
Mais...
D'IRCEY, avec impatience et chagrin.
Mais veuillez comprendre
Qu'Adrien est noyé... qu'on ne peut à présent
Tromper, à son sujet, son oncle agonisant !
Et qu'on ne jette pas une unique héritière
Au premier... fou, privé de sa fortune entière !
M<sup>me</sup> D'IRCEY, avec douleur.
Ah ! Dieu !...
(Avec dépit.)
Pour lui, du moins, montrez plus de pitié,
Vous qui, de son malheur, êtes cause à moitié !
Car d'abord vous aviez part au vil bénéfice
Que Gaudriot prend seul !
D'IRCEY.
Quelle horrible injustice !
Marquise !... voyez donc mon cruel embarras !
Qu'exigez-vous ?... Parlez... je ne vous dédis pas !...
M<sup>me</sup> D'IRCEY, après réflexion et se cachant le visage
avec douleur.
Eh ! que puis-je, monsieur, décider à cette heure ?
Dans le trouble où je suis, vous voyez que je
D'IRCEY. [pleure...
C'est répondre... Ah ! faut-il que nos purs sentimens
Subissent, malgré nous, de honteux changemens,
Grâce à des intérêts, qu'en son cœur on méprise !
Mais à manquer d'argent rien jamais n'autorise,
Surtout aujourd'hui...
(Avec chagrin.)
Bon ! Adrien vient à nous.

SCÈNE IX.
Les Mêmes, ADRIEN, suivi de DE PYANGE
et de JULIE.

ADRIEN, avec joie.
Je ne puis retenir un sentiment bien doux,
J'ai besoin d'exprimer ma vive gratitude...
Après tant de tourmens, d'affreuse incertitude,
Je puis enfin... Eh mais, vos traits sont altérés !
D'IRCEY.
Oui, monsieur.
JULIE.
Pardonnez, si nous sommes entrés...
J'en suis la cause. O ciel ! ma mère tout en
(Elle va à sa mère.) [larmes...

DE PYANGE, à part.
Qui peut donc lui causer d'aussi vives alarmes?
D'IRCEY, bas, à de Pyange.
De Pyange?
DE PYANGE, de même.
Mon ami.
D'IRCEY, toujours bas.
Trouvez quelque moyen
Pour éloigner d'ici votre jeune Adrien.
(De Pyange exprime par un geste qu'il ne sait comment faire.)
M^me D'IRCEY, répondant à sa fille.
Oui, mon enfant, je souffre une peine bien grande,
Et pour toi...
ADRIEN, qui a observé.
Juste ciel! je prévois... j'appréhende
Mon malheur... le dernier qui pouvait m'arriver.
Gaudriot a vendu... rien ne peut me sauver.
DE PYANGE, à d'Ircey.
Est-ce donc vrai?
D'IRCEY.
Que trop.
DE PYANGE.
O le juif implacable!
D'IRCEY, avec une colère concentrée.
Non, je ne sais de quoi je puis être capable
Contre lui, s'il osait se montrer à mes yeux...
UN VALET, annonçant.
M. Gaudriot.
TOUS.
Ah!
D'IRCEY.
C'est trop audacieux!

## SCÈNE X.

Les Mêmes, GAUDRIOT.

GAUDRIOT.
Attendez, un seul mot... oui, je vous parais l'être.
Plaignez-moi!... me dût-on chasser par la fenêtre.
Apprenez l'accident qu'il faut vous avouer:
(Avec force et criant d'une voix furieuse à d'Ircey.)
Ce n'est pas vous, c'est moi qu'on vient de... de
  [flouer!
Pardon du mot, qui rend d'une façon fidèle
L'atroce tour à moi fait par La Rivardelle.
(A Adrien.)
Grâce au pouvoir de vous, écrit en son seul nom,
C'est lui qui vend sans moi... tous vos biens : le
(Presqu'en larmes.)                     [fripon!
Et qui va gagner seul un bénéfice immense.
D'IRCEY.
Il fait comme avec moi vous projetiez, je pense.
GAUDRIOT.
Exactement, le drôle!...
D'IRCEY.
Ah! monsieur, grand merci,
D'indiquer l'adjectif qui vous revient ici.

GAUDRIOT.
Oh! vous pouvez parler, mais... mieux vaudrait
Pour voir si...                       [s'entendre
DE PYANGE.
Pour quoi voir?
GAUDRIOT.
Avez-vous fait défendre
L'usage du pouvoir entre ses mains remis?
DE PYANGE.
Non, l'on comptait sur vous, n'aviez-vous pas pro-
GAUDRIOT, en colère.         [mis?...
Compte-t-on sur quelqu'un pour ce qui nous re-
                                     [garde?
Contre un autre intérêt qu'a-t-on pour sauve-
D'IRCEY.                              [garde?
La probité!
GAUDRIOT.
Très bien!... sur ce nantissement
Vous trouverez fort peu, monsieur, dans ce mo-
                                     [ment!
En attendant, sachez que ce La Rivardelle
Tient votre somme. Ainsi...
D'IRCEY.
Quoi! vous répondez d'elle!
GAUDRIOT, troublé.
Jusqu'à certain point, car... comprenez... entre
D'IRCEY.                              [nous...
Rien... J'ai votre reçu, je ne connais que vous!
(Gaudriot tourne le dos, frappe du pied, et se met à
ronger la pomme de sa canne.)
ADRIEN, à d'Ircey.
De tout engagement mon malheur vous délie.
D'IRCEY.
J'en souffre.
ADRIEN.
Adieu, monsieur... C'en est donc fait! Julie!
JULIE.
Quel silence! il m'accable!...
(Bas.)
Adrien! Adrien!...
(Elle cache son visage.)
VOIX, au dehors.
J'entrerai!
LE DOMESTIQUE.
Non!
LA VOIX.
Si fait!
(La porte s'ouvre ; on voit le domestique disputant
l'entrée à Loricot.)
D'IRCEY.
Qui vient là?

## SCÈNE XI.

Les Mêmes, LORICOT.

LORICOT, entrant.
Ce n'est rien ;
Loricot!... un pauvre homme... avec une nouvelle
Qu'il apporte... à propos du sieur La Rivardelle.

## ACTE III, SCÈNE XII.

GAUDRIOT, à Adrien.
Du traître qui vous vole et fait votre malheur.
LORICOT, à Gaudriot.
Il ne lui vole rien... j'ai volé le voleur !...
GAUDRIOT.
Ah!
D'IRCEY, à Gaudriot.
Silence !
(Gaudriot se retire à dix pas, puis revient aussitôt.)
LORICOT, indiquant de Pyange.
A monsieur tantôt j'ai dû la vie,
Au moins la liberté qui m'eût été ravie [sente un.
Par deux grands loups cerviers dont je vous pré—
(Gaudriot se retire en se voyant désigné, puis revient comme la première fois.)
Or, quoique je ne sois qu'un homme du commun,
J'ai du cœur, et j'ai dit : pour lui rendre un service,
Fallût-il de mes jours faire le sacrifice,
J'y suis prêt... Et voilà qu'alors je me souviens
De ce jeune monsieur...
(Il montre Adrien.)
dont vous pipiez les biens.
(Gaudriot tourne encore le dos, fait quelques pas, et revient toujours par curiosité.)
C'est son ami, prouvons notre reconnaissance ;
Confondons deux fripons, c'est double jouissance.
(Même jeu de Gaudriot.)
A mon patron maudit je conseille d'abord
(A Gaudriot.)
De se passer de vous.
GAUDRIOT, furieux.
Toi !
LORICOT.
L'avis lui plaît fort ;
Puis, moins d'une heure après, ma trame bien our—
Chez le susdit je vais donner la comédie  [die,
A ses dépens... J'avais quatre de mes amis,
Honnêtes comme moi, comme moi très mal mis,
Qu'il fallait habiller... par un bonheur étrange,
Quelque argent vint...
(Montrant Adrien.)
Monsieur sans doute a son bon ange
Qui d'en haut l'a jeté jusqu'à ma poche... Enfin
J'ai pu les costumer tous quatre chez Babin :
Trois en municipaux, leur brigadier en tête,
Le quatrième en noir, c'est l'homme pour l'enquête
Chez mons La Rivardelle... et votre serviteur,
Les poucettes aux mains, l'air navré de douleur.
A cet aspect voilà notre intrigant qui tremble ;
Il n'est pas net... il a deux polices ensemble
Qu'il sert et qu'il trahit à la fois toutes deux.
Je le savais, mon coup était moins hasardeux !
Et, de plus, sur le corps il a mainte autre affaire.
Or, en voyant captif son ancien secrétaire,
Il croit l'autorité le bras levé sur nous,
Et comme un plat coquin se jette à deux genoux,
Offrant son portefeuille où vos billets de banque
Avec votre pouvoir se trouvaient, rien n'y manque.
Ah ! si, deux mille francs, pour que, sans nul délai,
Il fuie en poste... Il est à son second relai.

Voilà !
Ciel !
ADRIEN.
JULIE.
Adrien !
DE PYANGE.
Tu n'es plus sans fortune !
ADRIEN.
Grâce à ce pauvre diable, à qui j'en veux faire une !
GAUDRIOT, riant.
Pour un tel guet-apens... qu'il soit récompensé,
Soit... j'y gagne... Autrement !... vous êtes rem—
[boursé.
Ma quittance, de grâce, et qu'à l'instant je sorte.
D'IRCEY, la tirant de sa poche, à Gaudriot.
C'est juste.
(A Julie, qui est venue lui prendre la main, et semble l'interroger.)
Oui, mon enfant !...
(A tous.)
Le plaisir me transporte !
J'espère qu'à présent rien ne peut empêcher
Ce que nous souhaitons.
GAUDRIOT, avec amertume et par saccades.
Au moins j'ai beau chercher !... (1)
(Avec une ironie amère.)      [ve sans peine
« Tout va bien... sauf pour moi... Monsieur trou—
» Un emprunt... Il dégage et garde son domaine.
» On le place... il épouse...
(A de Pyange.)
Et vous, fin connaisseur
» En beauté comme en dot, vous épousez sa sœur ;
» Enfin, jusqu'à Brégy, qui s'en mêle et qui ga—
[gne,
» Pour qu'il soit député qu'on se mette en cam—
[pagne !
» Moi !... seul dupé !... et de qui ? d'un commis
» Presque honnête homme ?! Ah !  [idiot !
LORICOT, le saluant ironiquement.
Oui, cher monsieur Gaudriot. »
GAUDRIOT, furieux, et se contenant à peine, à tout le monde.
Bonsoir !... et bénissez les brigands tutélaires
(A Adrien.)
Qui vous sauvent vos biens au risque des galères.
Car justice, ni droit, par le vent d'aujourd'hui,
Ne les auraient tirés de nos griffes... sans lui !
(A part.)
Sortons, car on verrait que j'étouffe de rage !
(Il sort.)

## SCÈNE XII.

LES MÊMES, moins GAUDRIOT.

ADRIEN, à de Pyange.
Cher ami, mon bonheur est encor ton ouvrage

(1) Les vers marqués par des guillemets ont été supprimés à la représentation. Gaudriot, après ces mots : « J'ai beau chercher, » passe tout de suite à ceux-ci sans s'arrêter : « Bonsoir !... et bénissez, etc... »

DE PYANGE, embarrassé.

Comment?

ADRIEN, vivement.
Ne cache pas cette noble action,
Je me rappelle...

DE PYANGE.
Quoi?

ADRIEN.
Sa proposition.
(Il montre Loricot.)
Pour me servir... c'était une somme légère,
Et ton refus très dur envers ce pauvre hère...
Tu feignais ce refus?...

DE PYANGE.
Moi?...

ADRIEN.
C'est facile à voir,
Tu n'osais me flatter d'un si douteux espoir.
C'était de la bonté, de la délicatesse!
Et moi! dans ce moment si rempli de tristesse,
Moins délicat que toi, moi! j'accusais ton cœur!
Et je me reprochais de t'accorder ma sœur!

DE PYANGE, effrayé.
Oh! Dieu!

ADRIEN.
Pardonne-moi, j'ai douté de ton zèle!
(A Loricot, montrant de Pyange.)
Combien lui dois-je?

LORICOT.
Rien! C'est par mademoiselle...
Un collier précieux, qu'à l'instant j'ai vendu!

Mme D'IRCEY, vivement.
C'est à moi d'expliquer ce fait.

DE PYANGE, à part.
Je suis perdu!

Mme D'IRCEY.
Oui, ma fille a grand part, sans doute...

DE PYANGE, à part, avec plus d'effroi.
Elle se venge!

ADRIEN, à Loricot.
C'est donc elle?...

LORICOT.
Monsieur, je vous parlais d'un ange
Dans mon récit...

Mme D'IRCEY, prenant dans son sein le collier.
L'amour est votre ange gardien.
Mais l'amitié...
(Montrant de Pyange.)
déjà lui prenait son moyen,
Et, retirant sans bruit la modeste parure,
En laissait à l'amour la gloire toute pure!
Vous donner ces détails m'est un plaisir bien doux.

ADRIEN, serrant de Pyange dans ses bras.
Cher ami, dans mes bras!... Julie, à vos genoux.
(Il s'incline.)

DE PYANGE, regardant Mme d'Ircey.
On voit encor parfois des âmes chaleureuses
Répandre autour de nous leurs flammes généreu-
[ses!
Non, tout n'est pas taché d'intérêt personnel!

ADRIEN, avec chaleur.
J'en ai pour garant...

DE PYANGE.
Quoi?

ADRIEN.
Ton amour fraternel!

D'IRCEY, prenant les mains d'Adrien et de Julie.
Dans ce siècle où l'on voit, pour toutes conve-
[nances,
En mérite, en honneur, consulter les finances,
Heureux qui peut unir, grâce au sort indulgent,
Les intérêts des cœurs avec ceux de l'argent!

FIN.

Paris. — Imprimerie de BOULÉ, rue Coq-Héron, 3.

www.ingramcontent.com/pod-product-compliance
Lightning Source LLC
Chambersburg PA
CBHW060911050426
42453CB00010B/1666